空気を読みすぎる人

HSPと発達障害

空気が読めない人

JN008608

廣済堂出版

はじめに

学校などの子ども社会だけではなく、社会全体に「いじめ」が横行しているように思います。

「少しでも人と違っていることが許せない」

「すぐに相手をバカにする」

現代社会は「威圧的な威張る人」で満ち溢れているように見えることがあります。

彼らは「バランスの取れた人間」でしょうか。

私にはそうは思えません。

威圧的なタイプの発達障害、かもしれません。

一方、彼らに抑えられ苦しんでいる人も増えました。

苦しみ、悩んでいる彼らは「精神力が弱い」せいでしょうか。

これまではそう考えられてきました。

一方の威圧する側の「これくらいのことでメゲテどうする」「もっと強くなれ」「社会

的不適応だな」との言葉に余計に「自分はダメだ」と感じるようになる……。

一方、威圧される側、されてきた側の多くの著名人が発達障害だとカミングアウトしています。

最も話題になっているのは、地球温暖化運動で話題になっているスウェーデンのグレタ・エルンマン・トゥーンベリさんでしょうか。

彼女は自らの発達障害を「スーパーパワー」と呼んでいます。

そのほか女優の黒柳徹子さん、経済評論家の勝間和代さん、作家の市川拓司さん、モデルの栗原類さん、漫画家のさかもと未明さん……。

さらには、公にこそしていないけれど、アメリカの大統領ドナルド・トランプをはじめ表舞台で活躍している人のなかには発達障害の傾向を持つ人は大勢います。

またＨＳＰという「超敏感体質」の人もこのところ少しは知られるようになってきましたが、病気ではなく心理学用語のため医師のなかにさえ知らない人が多くいます。

ＨＳＰとは「Highly Sensitive Person」の略で、日本語にすると「人一倍敏感な人」とか「過敏性症候群」とか言われています。

アメリカの心理学者エレイン・N・アーロン博士が提唱したもので、どんな社会にも一定の割合、おおよそ15％から20％の割合で存在し、人類だけではなく犬や猫、なんと昆虫にもある気質で、生物が生き残るための生存戦略の一環として身に受けたものです。

主な特徴として次のようなものがあります。

① 「光や音」などに敏感に反応する。
② 人の影響を受けやすく、特に責められると身体的な不調に襲われる。
③ 人ごみが苦手で一人遊びが好き。
④ サプライズが苦手で何事にも驚きやすい。

発達障害とＨＳＰには共通点も多く、特に「対人関係が苦手」「光や音に敏感」といった共通の特徴があるため、苦しさのため病院を訪れても、医師がＨＳＰを知らないために発達障害や精神障害と診断してしまうことが往々にしてあります。

「発達障害かもしれないと悩んでいたが、ＨＳＰ気質だとわかりほっとした」という人や「ＨＳＰでも発達障害でもなんでもいい。とにかく今の苦しい状態をどうにかしたい」という人までさまざまです。

「シャドーシンドローム」あるいは「グレーゾーン」といって、明確な診断は下されないけれど、いろんな症状に苦しんでいる人も多くいます。いずれにせよ、彼ら、彼女たちが自分たちのある傾向、症状に対して苦しんでいることだけは確かです。

この本は、そういった気質や、病気と診断されるほどはっきりとはしていないが、いろんな症状が混ざり、それが逆に苦しい、というグレーゾーンにいる人たちのための本です。

どちらにも言えるのは、「社会的な同調圧力」を受けていること。つまり「周りの人と同じように考えない、行動しない」ことから他人に責められ、自分を責め、その結果、自信をなくし、自らを追い詰めていることです。

「同調圧力」つまり、「自分と同じようにしない、考えない人は許せない」とパワハラやいじめの側にいる人も、実は「ジャイアン型・発達障害」の影（シャドー）を持っているかもしれません。

「ジャイアン型・発達障害」とは、藤子・F・不二雄の人気漫画『ドラえもん』のいじめっ子ジャイアンに因んで名付けられました。

トランプ大統領は典型的なこのタイプではないでしょうか。

「相手をバカにする」

「大声で怒鳴ることで人を思い通りにしようとする」

「常に自分が正しいと、意見や考えが違う人を攻撃する」

「人の些細な間違いを許さない」

会社だけではなく、子どもや学生を導く教師や指導者にもこういう人はいます。

かつて体育会系の指導者が「相手にケガをさせてもいいから、とにかく勝て」と指導し、問題になったことがありました。

彼は、問題になったからこそ頭を下げましたが、本心では「どこが悪いのかわからない」と憮然としていたように思います。

部下に無理難題を押し付けて「うつ」に追いやり、それでも「君が弱いからだ」「どうしてこんなこともできないのかわからない」と怒鳴る。

現代社会は「威圧的な人＝威張る人」で満ち溢れています。

一方で、人から注意されたために、「自分はダメな人間だ」と自信をなくしていく人も増えています。

あるいは「どうして相手がこんなに怒っているのかさっぱりわからない」といった相手の意図を読み取れない人もいます。その結果、「コミュニケーションに問題あるのかも」と悩み、うつになっていくケースも。

「大声に弱く」「サプライズが苦手」「手順から外れるとパニックになる」「いつもびくびくしている」……こうしたことから自己肯定感が低く、積極的にいろんなことに向かっていけない。その結果、「自分は弱い、ダメな人間だ」と自信を失っていく人も最近は多いのではないでしょうか。

なにしろ、男女雇用機会均等法で女性も男性と同じ仕事量を期待される世の中です。「せっかく一流企業に入ったのに、会社の期待に応えられない」と自信を失い、不安症やうつになっていく大勢の女性たち。

かつてはなかったような社会的プレッシャーが女性にも同じように降りかかり、社会のあちこちでひずみが起きています。

しかし、あなたの周りを注意深く見渡してみてください。見事にバランスが取れた人というのは存在するでしょうか？

自信に満ち溢れているように見える人も、実は不安や恐怖に苛《さいな》まれているのです。

いや、そんなことはない、と否定するあなた。では「バランスの取れた大人」はどのくらいいますか？

この本を手に取っているあなたは、確実に「周囲にいる高圧的な人から被害を被っている人」ですね。

なぜなら、前者の「高圧的・威圧的」な人は、問題が起きない限り「自分は正しい」と思っているので、ある意味、勇猛果敢に我が道を進んでいきます。

そして、社会的になにかトラブルが起きたとき、たとえば、先に挙げた「体育会指導者事件」「過労死やパワハラで訴えられて」はじめて、自らの「落ち度」に気づくことになるからです。

かつて「みんなビョーキ」という言葉が流行ったことがあります。

価値観の多様化といわれながら、「カネ、名誉、学歴」至上主義の現代にあって、その傾向はより一層強くなっているように思います。

気づくか気づかないかは別にして、多くの人が心を病んでいます。

私は若い頃から、うつや不安、恐怖に悩まされてきました。

「ほかの人はなぜ、こんなに幸せそうなんだろう。それに比べ自分はなぜこんなにダメな人間で、苦しいのだろう」とまさに悶絶して生きてきました。

「人の苦しみ」は、同じ経験をした人ではないとわかってあげることはできません。そして、グレーゾーンやＨＳＰからくる「自分だけ」の苦しみは、残念ながら一人ひとり、症状も重さも環境も違うがゆえ、共有・共感することが難しい苦しみです。

でも今、この本を手に取ったあなたは、少なくとも自分の心が病んでいることに気づいている。そしてどう対処したらいいのか、どのような解決策があるのか模索している……。それだけでもあなたは先んじている、救われているのではないでしょうか。

「みんなちがって、みんないい」

金子みすずの詩にこういう一節があります。

私が両手を広げても、お空はちっとも飛べないが、
飛べる小鳥は私のように地面を早くは走れない。
私がからだをゆすってもきれいな音は出ないけど、
あのなる鈴は私のようにたくさんの唄は知らないよ。
鈴と、小鳥と、それから私、
みんなちがって、みんないい。

「みんなちがって、みんないい」
自分にはマイナス部分もあるけど、プラス部分もある。他の人だってそうだ。自分はそういうかけがえのないただ一人の人間なんだと気づいた人だけが、自分のプラス部分をどう生かし生きていけばいいのかをすでに考え始めているのです。

この本は、
「自分は発達障害かもしれないけど、ＨＳＰかもしれない」
「発達障害の診断テストでは、当てはまる部分とまったく違う部分が混ざっている」

といった、症状が混ざっていたり、あるいは当てはまらないけど、とにかく苦しい

……といった境界線上にいる方のための本です。

「どうして私は、こんなに人と違っているのだろう」

「どうして私は、こんなに人の言葉をうのみにして振り回されるのだろう」

「どうして私は、人とちゃんと話ができないのだろう」

こんなふうに、「人と違う」ことで苦しみ、悩んでいる人のための本です。

自分が「人と違う」と感じたら、まずは本を開いてみてください。

解決のヒントが必ずあります。

２０１９年12月吉日

高田明和

HSPと発達障害——空気が読めない人　空気を読みすぎる人◉目次

第4章

「人と違っている」ことが素晴らしいのです
――HSP・発達障害は才能の宝庫

第5章

「今の私のままでうまく生きる」

――そのためにすべきこと

第6章

「生きていくのが苦しい」からの脱出
――HSP・発達障害・うつ・グレーゾーンのためのリラックス法

第1章

HSPと発達障害は似ている!?

——グレーゾーンの人が増えている

ミラーニューロンの働き――症状はうつる？

ＨＳＰの人は、自分の近くにいる人の考えを、まるで自分自身が体験しているように感じることがあります。これはＨＳＰの人が持つ鋭い直観の働きによるもので、生まれつき備わっている能力です。

ＨＳＰ＝超敏感な人とは、脳科学の視点から言うと、「脳がかすかな情報まで拾い集めるために、情報過多になり、心身ともにぐったりしたりして不調をきたす」人たちです。

生物が生き残るためには、危険を察知する能力が大切です。常に外敵（他の人間や生物）から襲われたり、病気をもらう危険にさらされていた古代の人間たちは、その能力が今の人間とはケタ違いに発達していたことでしょう。

文明が発達し、そうした危険からかなり遠ざかった現代でも、かすかな危険の兆候を読み取る能力が発達している人たちがいます。人間だけではなく他の生物にも一定の割合で、その能力が与えられている個体が存在するのです。

言ってみれば有毒ガスの発生を察知し、知らせる「炭鉱のカナリア」。つまり、ＨＳ

Ｐは危険を察知してそれをほかの「鈍感な人たち」に知らせる崇高な役目を持って生まれたのですが、リスク要因が大きく変化した現代社会では、その敏感さが逆に不眠や体調不良を起こすのです。

このように察知能力が高いＨＳＰは、「**他人に影響を受けやすい**」という特徴を持っています。つまり自分と他人との精神的な境界線が薄く、共感性が高いため、周囲の人の影響を受けやすいのです。

脳科学の視点から言えば、これは脳のなかにあるミラーニューロンが人一倍発達しているためということになります。

ミラーニューロンとは、「**脳の中の鏡**」です。

たとえば、赤ちゃんは近くにいる親や教師、友達などの真似をすることで成長、社会性を身に付けていきます。目で見た人の行動を脳の中の鏡に映し、自分もその人と同化することで、技術やノウハウを身に付ける。これがミラーニューロンの働きで、「モノマネ細胞」とか「共感細胞」などとも言われます。

ＨＳＰは、この能力が人並み以上に発達しているのです。

人類はこの能力によって互いにシンクロしあい、生存のための能力を身に付け合うことで発展してきました。

「学ぶ」は「まね（真似）ぶ」から派生した言葉だということですが、ミラーニューロンが発達し、真似る能力が高いということは、学習能力が高いということ。これは本来、長所であるべきことなのです。

ところが最近は、この他人への共感能力が高いＨＳＰの人たちに、ストレスを感じる人が増えています。なぜでしょうか？

態度や話し方といった他人の外面だけではなく、苛立ちや不注意といった他人の感情も、あたかも自分の感情のように受け取り、本来の自分ではないような行動や態度を取ってしまうからです。

私自身にも覚えがあります。

私は過去にうつ病で苦しんだ経験が二度ありますが、あることがきっかけでＨＳＰが原因のうつだったのだと判明し、ほっとしたことがあります。長年の苦しみの原因は身体のなかの感受性センサーが人一倍発達しているという、本来長所となるべき気質からきているとわかったからです。

また、詳しくは後述しますが、私は子どもの頃から落ち着きがなく、人とうまく付き合えないという特徴がありました。つまり、いわゆる多動性、コミュニケーションが苦手という発達障害の傾向です。

しかし、それも実は他人の内面が乗り移ってしまうＨＳＰの気質が、より強く反映したからではないかと、医師である私は自らの症状を最近になって、診断するようになりました。

考えれば、私自身だけでなく、私の娘についても同様な覚え、経験がありました。

それは、私が家族を連れてアメリカに留学しているときのことでした。

当時、教会では日曜日の午後、発達障害の子どもたちを集めて生活指導をしていたのですが、「健常」な子どもと一緒に遊ばせたほうがいいということで、幼稚園児だった長女を参加させてもらえないかという依頼がきたのです。私は喜んで参加させました。

ところが何カ月かすると、彼女の行動に変化が出てきました。一緒にいた発達障害の子どもと同じような振る舞いをするようになったのです。身体の動きが緩慢になり、新しい言葉を覚えようとしない、文字を書くのも下手になるなどのことが次々に起こったのです。

私たち夫婦は驚きました。

子どもたちは現地（アメリカ）の子どもたちの行動を真似することで、現地に溶け込もうとしていたのです。

成長期のミラーニューロンの働きは活発です。

友人の大学教授に話したところ、彼も同様の経験をしたと言います。

彼の長男は「自閉症スペクトラム」と診断され、専門家の支援を受けるようになりました。病院に行く際に次男の弟も同行させていたところ、弟のほうも言葉がスムーズに出ない、落ち着きがないといった具合に、兄と同じような症状を見せるようになったのです。

慌てて医師に相談し、診断してもらいましたが、病気と確定できるほどではないというのです。

いったい何が起こったのでしょうか。

ＨＳＰの傾向のある子どもが兄の動きを真似、学習したのでしょうか。このままではその傾向は強くなり、シャドーシンドローム、グレーゾーンに収まってしまうかもしれません。

私の娘の場合には、私たちが憧れ、尊敬していたアメリカという国で一緒に時間を過ごす子どもたちの行動は正しいと理解し、「あのようにあるべきだ」と思ったことで、次第に行動を真似るようになったのではないかと推測しています。

友人の次男のケースも、専門家と称する人たちが扱う子ども（自分の兄）の症状は悪い例ではなく、真似してもよい行動なのだと思ったのではないでしょうか。

医学の世界では、ある病気が見つかると、その病気を持つ人が急に増えると言われます。

ミラーニューロンは鏡ですから、今そこにあるものに素直に反応します。ということは、**その時代に発達障害の傾向を持つ人が増えれば、それに影響され、自分もそうなってしまう人、つまり、発達障害が疑われるような人たちも増えてくる**のではないか。

発達障害のグレーゾーンにいるのは、こういった人たちではないかということです。

グレーゾーンをこういう観点から見てみることは、これからの大きな課題だと思えて仕方ありません。

問題は、人によって症状が違うこと

前書きでも述べたように、「変わった個性」として知られる著名人や文化人などが次々と「私も発達障害だった」とカミングアウトしています。

「東大生の四人に一人が自閉症スペクトラム疑いアリ」（原文ママ）と東大の大学院生がツイートして話題になったこともあります。

自閉症スペクトラム障害（ＡＳＤ）とは、自閉症、アスペルガー症候群などの総称ですが、アスペルガー症候群は知的能力が人並み以上の自閉症のことで、先のツイートは主にアスペルガー症候群のことを言っていると思われます。

アスペルガー症候群は、自分の好きな分野についてはとことん突き詰めるので、研究する仕事に向いており、実際、大学の研究者に多いようです。

彼らは、自分がほかの人と大きく違うところを「個性」「長所」と捉えて仕事に生かし、それぞれの分野で輝きを放っているように見えます。

黒柳徹子さんは、自分がどんなに変わった子どもだったかを『窓際のトットちゃん』（１９８１年刊・講談社）という一冊の本にして、発行部数８００万部という大ベストセラーになりました。

刊行当時の１９８０年代は「発達障害」という概念はまだなく、トットちゃんはトモエ学園という自由な環境のなかで「変わってはいるけど、面白い子」としてすくすく育ち、こちらもまだ自由度の高かったＮＨＫという恵まれた環境のなかで「個性」を伸ばしていったのです。

「発達障害」は、１９８７年にアメリカの精神医学会が作成した診断マニュアルで初めて登場した医学用語です。

「発達障害」という日本語は誤解される要素があり、特に「障害」という強い訳語には専門家の中にも抵抗を示す人が多くいます。「障害」という日本語はＡＤＨＤ（注意欠陥・多動性障害）の最後のＤ（Disorder）から来たものです。「壊れたもの」といったイメージを抱くこともありますが、「物事の達成や進行のさまたげになるもの」との意味で、その部分をうまくコントロールしさえすれば、人並み以上のパワーを発揮できるのです。

たとえば対人関係が苦手な人が、人を相手にする仕事に就くとトラブルを起こしやすい傾向がありますが、一方で好きなことに向かうととてつもない集中力を見せることがあり、並の人にはできないことをやり遂げる力があります。

また「自閉スペクトラム」のスペクトラムという言葉は、意見、現象、症状などがあいまいな境界を持ちながら連続していることを意味しています。つまり、「正常」から

「異常」まで様々なレベル、症状があるということです。

　そして、これはどんな人間にもある程度当てはまることなのです。

HSPは、人に振り回されやすい

　一方、HSPは発達障害のような医学の診断名ではなく、心理学で使われる用語です。そのため専門とする医師も少ないだけではなく、HSPという言葉を知らない医師さえいます。

　広く認知されていないことに加え、発達障害との共通点も多いので、病院に行ってさえ混同されることがあります。

　たとえば感覚過敏、対人関係が苦手、特殊な才能を持つことなどがHSPの特徴ですが、これは発達障害にも見られる特徴なのです。

　この章の冒頭で述べた「そばにいる人の症状に影響されやすい」ことに加え、HSPは神経の昂《たかぶ》りが頻繁に起きるので、それを不安や恐怖と捉えてしまいます。神経の昂りと不安や恐怖の起きたときの身体的な特徴はとても似ているのです。「震え」「ドキドキする」「身体が硬直する」などです。

この神経の昂りが原因で、**落ち着きがなくなる、身体を頻繁に動かす、といった身体的な特徴が発達障害の多動性と誤解されることが多い**のです。

ＨＳＰにしろ発達障害、グレーゾーンにしろ、生きづらさを抱えていることが問題なのです。

現に、発達障害の中には、「それ自体を問題とはしない」ため、診断を受けない人もいます。作家の市川拓司さんは、子どもの頃から発達障害の症状を見せてきましたが、医師による診断はしていないそうです。そして自らの症状を「**選択制発達**」、つまり、発達している部分が「選択」されているのだと前向きに捉えているようです。

今現在、自分は発達障害なのかＨＳＰなのか、グレーゾーンのところにいて、よくわからないと悩んでいる人の例を挙げてみます。

まずは、「発達障害」であるか、そうではなくほかの病状かもしれないという判断はひとまず置いて、彼らが日常生活でどんなところでどんな風に困っているのかを見てみましょう。

私はどこがおかしいの？

ケース① 好きな人との結婚、なのに大きなストレス
「片付け」ができないA子さんのケース

体の不調が起き始めたのは結婚がきっかけでした。

夫と同じ部屋で暮らすようになって、幸せなはずなのに、気分が優れない日が続きます。

もともと家事は苦手なほうでしたが、ふと気づくと部屋のなかは取り入れた洗濯物の山。ストレス解消にと買った洋服や小物類もあちこちに散らばっています。

結婚する前は実家住まいだったため、家事や食事の支度はほとんど母親がやっていました。2年ほどの交際を経てのゴールインでしたが、環境の違う人と一緒にいることがこれほど疲れるとは思ってもいませんでした。

最初は「好きな人と一緒にいるのに疲れるのは私がおかしい、わがままだ」と自分を抑えていましたが、そのうち朝、目が覚めると吐き気、夜も眠れなくなり、昼間は会社に行くだけで精いっぱい。睡眠不足のためか小さなミスが増えるようになりました。

書類を作るように言われていたのをすっかり忘れ、締め切り間際に「あの書類できているよね」と確認され、「そうだ！」と思い出し慌てて作って凌《しの》ぐようなこともありました。急いで作成したせいか作成日時を書き忘れ、「どうしたんだ？」「幸せ過ぎて仕事のことまで頭が回らないのかな？」と上司に皮肉を言われる始末。

責められているように感じ、トイレに駆け込んで泣くこともありました。仕事はできるほうだと自負していたので、こんな些細な言葉に傷ついて「泣いた」ことに自分でも驚いてしまいました。

これまでは、誰かに何かを言われても「反発」こそすれ、自分を責めるといった反応はあまり経験がなかったのです。

私って、どうしちゃったんだろう？

最初は小さかった心の穴が、次第に広がっていくイメージが頭のなかに浮かんできます。

その穴に飲み込まれる夢さえ見るようになりました。夢だけならまだしも、気が付くと昼間にぼうっとしてその穴に飲み込まれていく自分の姿さえ見えるようになったのです。

仕事帰りにショッピングする時間だけが辛さを忘れる時間です。ショップの店員の

「すごくお似合いですよ」「見違えるようです」との誉め言葉をかけられると、この人だけが自分を認めてくれると嬉しくなり、言うがままに買ってしまいます。

　買った瞬間には心が晴れるのですが、部屋に持ち帰ると品物で溢れ、帰り道でそんな部屋のイメージが浮かんできて早くも憂鬱になってしまうのです。

「忙しいのはわかるけど、たまには整理すれば」とのパートナーの責め言葉にかっとなり、「私のものばかりじゃないんだから、あなたも少しやってよ」と諍《いさか》いも起こるようにもなってしまいました。

　ストレス解消のはずだったショッピングさえ、ものに溢れた場所が目にうるさく、最近では部屋にいても落ち着かず、整理しようとするのですが、ものの色や形が気になって手を付ける気持ちになれません。

　家も、もう隠れ場所になれない……。

「この先、私はどうなってしまうんだろう」と頭のなかはどんどんマイナスのイメージでいっぱいになっていき、意を決して病院に行ったものの、医者は「気分が落ち込むときにはこれ」と薬をくれるのはいいのですが、Ａ子さんはなぜか、薬を呑んでも私の問題は解決しない、とどこかで感じています。

ケース② 専門分野を出たのに専門職にたどりつけない

B君のケース

大学の理工学部を出てB君。専門職を希望してある大手メーカーに就職したのですが、なぜか営業職に回されたため、自分には合わないと、さる中堅機械メーカーに転職しました。

しかし、なぜかここでも、入社のときの話と違って機械部門ではなく営業職に回されてしまいます。

「……いえ、私は理工学部を出ているし、そちらの分野がやりたくてここに入ったのです。営業職に回される理由がわかりません」と抗議したものの、「営業は会社の基本。君は前の職場でも営業職だったので、できないはずはないだろう」と言われてしまいました。実は前の職場で営業職をやっていたとき、「ロクに挨拶しない」「愛想がない」「営業職なのにエラそう」と言われ続けていたのです。

「自分はメカに詳しいのだから、いまの仕事は一時的なものだ。いつかは専門職に回してもらえるだろう」という気持ちで頑張ってきたのですが、転職するなら早いうちと意を決したにも関わらず、また営業職です。

今の上司は「君はこの分野が得意なんだから、顧客に対し普通の営業にはできない説明ができるはず。それを生かして相手によくわかるように説明してほしいんだ。営業で成績を出してくれれば転部の可能性も高いだろう」と言われています。

「……その通りかもしれない」

上司の言葉は正しいと頭ではわかるのです。

確かに、製品の知識なら誰にも負けない。しかし、現実の営業職ではそういうことは求められず価格や売り上げの件ばかりです。

実際、製品の良さをアピールしようとしても、「製品についてはこちらもちゃんと調べている。それより他社よりどのくらい安くしてくれるかを検討して欲しい」

その言葉を受けて、他社と自社の製品がどういう風に、また価格的にはどのくらい違いがあるのかを調べたことがあります。

細かい部分の違いを見つけるのは得意で、一人黙々と作業をしているときには久しぶりに充実感を感じることができました。

しかし、それを一覧表にして上司に渡すと、怪訝《けげん》な顔をされてしまいました。

ほかの人が気づかない小さなこと、ディテールにはよく気が付き、自社製品の良さはこういうところにあると会議で説明して感心されたこともあるのですが、その分、欠点、不備に気づいてしまうと、そのイメージだけで頭のなかがいっぱいになってしまう。会議で言及し、「その件については改めて検討するので、よそでは口にしないように」と言われたこともあります。

しかし、その後改善された様子はなく、どこに行っても何をしていてもそのイメージが頭を離れません。製品細部の映像だけではなく、たまたま点けたテレビの映像で目にした暴力シーン。急いでスイッチを切ったのですが、そのシーンが頭に残り、何度も甦ってきて気分が悪くなってしまうこともあります。

「男なのに、こんなに弱くてどうする」と自分を叱咤するのですが、どうにもなりません。

酒の席で「要領が悪い」「呑み込みが悪い」と罵倒されたこともあり、そのシーンがイメージとして甦り体調が悪くなりはじめています。

製品の説明以外では愛想を言えるわけではなく、酒席で座持ちがいいわけでもなく、逆にただ座っているだけ。相手が本当は何を要求しているのかわからないのです。仕事に就く前は特に人間関係のトラブルはありませんでした。友達がいないというわけでもありません。高校時代は進学校だったので、ひたすら勉強していましたが、大学に入ってからは同じ趣味の話なら何時間でも話し続けられる。

女性と話すのは苦手でしたが、好きなことがある自分は無理して女性と付き合うこともないと思っていました。

一度大学時代に同じ年の女性に「付き合ってください」と言われ、何度か会ったものの、一緒にいても特に楽しいとも思わず、これなら好きなマシンの本を読んでいたほうが楽しいと、そのうち疎遠になってしまいました。

それでもときどき「このまま誰にも理解されずに、満足な仕事もできないままに一生を送るのかと思うと「なぜ？」「優秀と言われて育ってきたのに」とプライドがずたずたになる思いです。

ケース③ 音、色、光、情報……
何もかも過剰過ぎて溺れそうなC子さん

初めての街を歩いているときでした。どこからか子どもの泣き声が聞こえてきて、「うるさいな」と思う自分がいました。

何人もの子どもが叫ぶように先生を求め、女の子の甲高い声、男の子のがなり立てる声、そこに大人の女性の「そっちはだめよ」との落ちつきのない声が重なり、思わず立ち止まり耳を塞ぎたくなったのです。

そのとき、子どもの頃聞いた太鼓の音が蘇ってきました。私の学校では運動会などのイベントがあると鼓笛隊が演奏し、それはいいのですが、そのときの太鼓のドンという音がするたびに、ドキッと心臓が躍り上がるのです。

徒競走のスタート時のピストルの音も怖くて、その音を聞くと足がすくんで走るどころではありません。中学・高校のときには「体調不良」と理由をつけてはその日は休み、なんとか凌いできたことを、その幼児たちの調子はずれの声を聞いて思い出し、また不安が襲ってきたのです。

ちなみに私は味にも敏感で、ある一流と言われているレストランに行ったとき、「あっ、このお肉、前のと違う」と口にして、友達に怪訝な顔をされたこともあります。

「このお店の煮ものはほかのお店と違いますね。多分出汁《だし》が違うのかな？」と言って

「すごいね、お客さん、うちの出汁はね……」と喜ばれたこともあるのですが、ではグルメかと言われるとそんなことはなく、好きな食べ物はハンバーガー。それも特定のお店の味が好みで、仕事が忙しくなると、そればかり口にしていたこともあります。

そんな私は自分のことを「神経質」、よく言えば「繊細」と認識していて、仕事も繊細さを生かそうと、ファッションメーカーに就職しました。

といっても服をつくる側ではなく事務職ですが、ときおり回ってくる色見本の管理やパンフの色校正などの仕事はとても楽しいものでした。

ところが、このところの会社の不調でショップのほうに回されるようになり、お客様対応がこんなにも疲れるとは思ってもみませんでした。

これまでの事務職では、もちろん苦手な人もいましたが、まあ、口をきかない、話を

しない、近づかないでどうにか乗り切ってきたのです。

ところがお客様相手ではそうもいきません。その上、1日の売り上げの報告、ほかのショップの情報の収集など、どんどん仕事が増えていきます。情報の収集は得意なほうだと自分では認識していたのですが、あまりに目まぐるしく変わっていく情報に最近で

はめまいを起こしそう、というか実際、朝目が覚めたとき部屋が回っていることもありました。

店に行くと、好きなはずの「色」もあまりにも溢れすぎ、ショップ内には途絶えることのない音楽、人の声、おしゃべり……、自分の名前を呼ばれるたびにビクッと動悸がするようになってしまいました。

音と色、情報、そして人ごみ……この世界を覆っている溢れんばかりの過剰さの海のなかで息も絶え絶え、溺れてしまうような気がしています。

ケース④ 異性関係でつまづいたD子さん

褒め言葉をそのまま信じてしまう

20代後半にもかかわらず、私にはあまり親しく付き合った異性がいません。何度か彼氏ができかかったことはあるのですが、人ごみでのデートやレストランでの食事などが面倒でいつもたち消えになってしまいます。

「私に彼氏はいらない。ほかの女性たちがあれほど一生懸命、彼氏、彼氏と騒ぐのは見苦しい」と感じていました。

そんなとき近所のコンビニで一人の男性に声をかけられました。

「これもしかしたらあなたのではないですか？」

買い物を精算するとき、何気なく台に置いた本を忘れていたのです。

それ以来、同じコンビニでよく出会うようになり、近くに住んでいたことからコンビニ帰りに話をするようになり、そのうち公園に寄るようになり、ついには部屋を行き来するようになりました。

「職場で自己主張する女性ばかりを相手にしているから疲れるんだ。君と一緒にいるとすごく落ち着く」

「これまで付き合ってきた女性は、あそこに行きたい、これが欲しいと要求ばかりする。でも君は何も欲しがらない。すごく安心できる」

などと褒めてくれます。

会うのに面倒な手続きもいらないし、苦手な人ごみに行くこともない男性との付き合い。自然に、この人と相性がいいと思うようになっていました。

彼が私の部屋に寄ったある日の帰り際のことでした。

「あっ、お金を下ろすのを忘れた。少し貸して」

そのときは、まあ、そういうこともあるだろうと、財布から万札を取り出し渡したのですが、それ以来、彼は部屋に来るたびにお金をせびるようになりました。

そしてある夜、コンビニで買い物しようと近くまで行くと、ドア越しに彼がほかの女性に話しかけているのを目にしました。

私は茫然とし、その場から動けなくなっていました。

「相手の言葉をそのまま信じてしまうあなたって変ね」

友達からこう言われ、そういえば、これまでも人の言葉をそのまま信じて何度か裏切られたことがあるなと思い出し、最近は「人が怖い」と感じるようになっています。

ケース⑤

私のケース～「お宅の息子は問題児」

落ち着きのなさは家系なのか？

４人のケースを紹介しましたが、彼ら、彼女らと似たような経験をされた方も多いのではないでしょうか。

このような人が発達障害、あるいはＨＳＰであるのかはのちほど述べるとして、私自身の話をします。

私自身、長年うつ病に悩み、ＨＳＰや発達障害とも思えるグレーゾーンで常に苦しんできたからです。

私は子どもの頃からとても変わっていて、いつも問題児だと言われてきました。

私の名前は明和（あきかず）と言いますが、この名前を日本史に引っかけて中学校の先生に言われた言葉を忘れません。

江戸時代の明和９（１７７２）年に起こった、江戸の三大大火の一つと言われる「明和の大火」。強風にあおられ、３日間にわたり江戸を焼き尽くし、１万４７００人もの死者を出したとされます。

同じ年には「辰の洪水」とよばれた台風が発生、河川の叛乱、田畑の水没などで讃岐では破壊家屋１万９０００戸以上、死者46人が出ました。

このために明和９年は「めいわく（迷惑）年」などと言われてきた。歴史の先生がこの史実を話したあと、私を見ながら言ったのがこの言葉です。

「ここにも明和9（迷惑）がいる」

今でも忘れることができません。

実際私は他人と同じことをするのが嫌いで、皆が白い服を着ているときに黒いシャツを着て学校に行ったり、ただ一人下駄で学校に行ったりしていました。

母は何度も学校に呼び出され、「お宅の息子はなぜ皆と一緒の行動をとれないのですか」などと苦言を呈されることがしばしばでした。こんな問題児が無事進級できたのは、人より勉強ができたおかげです。友達が少なかったということはなかったのですが、親友などという友達はいませんでした。

また、私より3歳下の弟は早生まれで、ひ弱な感じでした。私を含め他の子どもは乱暴なくらい元気がよかったので、「いつも独りで遊んでいる」とか「女の子みたいだ」などと冷やかされていました。

その彼も高校生になると勉強もできるようになり、大学では文学部で歴史を学び、普通のサラリーマンとして一生を送りました。いつも家に閉じこもって運動もせず、一人で本を読んだりしていたことを考えると、ずいぶん変わったものだと思います。

このように、私も弟もあまり周囲に馴染もうとしない変わった子どもだったのですが、当時はまだ「発達障害」という概念はなく、それこそ黒柳徹子さんのように「あの人、変わっている」ということである意味、認められていたようにさえ思います。

私が子ども時代を送ったのはだいぶ昔のことですが、「みんなと一緒でないとおかしい」という「同調圧力」は今ほどなかったと思います。まあ、多くの人は自分たちが食べていくのに必死で、人のことを構う余裕などなかったとも言えますが（もちろん環境によっては疎外されていた人もいたことでしょうが）。

では、私の孫の世代はどうでしょうか。

孫は子どものころからいつも身体を動かしていないと気が済まないという感じで、家族一緒に食事に行っても、他人が食べているものをとったりして、非常に落ち着きのない子でした。

ですから、中学の時には先生から多動性の発達障害ではないかと言われ、毎週1回、精神科の医師に診てもらうことが義務付けられたのです。

「そんなバカなことがあるか。医者のところになど行く必要はないよ」

私は娘に言いました。自分や弟の子ども時代の記憶が甦ったからです。

「だって医者に診てもらわないと内申が悪くなって、高校に入れないのよ」

娘はそう言いました。

驚いた私は、そこで私の書いたＨＳＰの本を先生のところに持っていかせ、私もこのように過敏であったが、今はそれが売り物になっていると娘に告げてもらいました。すると、医師のところに行く必要はなくなって、内申書も無事に書いてもらえました。

実際、私の孫は発達障害だったのか、それともＨＳＰだったのか？

私自身、ＨＳＰの気質を持っているので、その気質が孫に伝わっているかもしれません。

私の場合、自分は「ＨＳＰだろう」と診断したことは先に述べましたが、詳しく調べると「発達障害」の可能性もあるでしょう。ＨＳＰと発達障害が混在して、長い間、うつに悩まされたのかもしれません。

やがて孫も成長するにつれ、問題なく社会生活を送るようになりました。

子どもの頃の脳は未発達で、発達が一応完了するのは20歳前後という研究があります。

「未発達」と「発達障害」は違います。発達途上は障害ではありません。

発達途上では、脳のバランスはまだ取れていないアンバランスさを見せることも多々あります。

いたずらに不安になる前に「子どもの問題行動」には「障害」とはまた別の面もあることは、知っておいてもよいのではないでしょうか。

空気が読めない発達障害、空気を読みすぎるHSP 医師でも判断が難しい理由とは?

HSPと発達障害、この2つに付随する症状は医者である私自身でさえ、その判断はとても難しいものです。主な理由として次の3点が挙げられます。

① HSPの概念が一般的にはまだ認知度が低く、医師のなかにも知らない人が多い。
② 発達障害についても専門の医師はまだ少なく、正確な判断が難しい。
③ HSPと発達障害には似た症状が多い。

「多動が見られる」「自己肯定感が低い」「対人関係がうまくいかない」といった悩みを打ち明けると、「発達障害」や「うつ」傾向があると安易に診断されてしまうことがあるのは、こういう背景があるからです。

発達障害と見えて実はＨＳＰやうつ、さらには躁鬱、パニック障害、睡眠障害などのケースもあります。

いま出ている症状は原因なのか結果なのか？

原因と結果を取り違えているケースも多く、この手がかりを間違えると治療もうまくいきません。

たとえば、落ち着きがなくそわそわしているため、ミスが多く人から注意を受け落ち込む。こういった場合、発達障害の場合は、「落ち着きがない（多動性）」が原因でミスが起き、注意を受ける↓落ち込む、というようになりますが、この場合の「落ち着きがない」は「脳の機能」にその原因があります。

一方、ＨＳＰでは「人の言葉や情報の氾濫で混乱する」↓落ち着きがなくなる↓ミスが増える↓注意を受ける↓落ち込む、というように、「落ち着きがない」は「結果」であって、その原因はあくまで「外部の刺激」によるものです。

HSPと発達障害の類似点と相違点

	HSP	発達障害
感覚過敏	ある 音·色·匂いなど五感が敏感	アスペルガー·ある
対人関係	相手の気持ちを読みすぎて辛くなる。相手の心まで読み取ることもある	アスペルガー·ある いわゆる「空気が読めない」 ADHD·あまり問題ない
建前と本音	本音を読み取る	アスペルガー· ADHD· 言葉をそのまま受け取る
こだわり	ある 頭から離れなくなることがある	アスペルガー·大いにある ADHD·ない(執着は少ない)
不注意	ほかのことに気を取られていると不注意になることがある	アスペルガー·好きなものには細かい。 ADHD·ある
多動	ある 刺激が強すぎて落ち着かないことも	アスペルガー·あることも。 ADHD·ある。落ち着きがない
衝動性	ない 石橋を叩いてわたるタイプ	アスペルガー·あることも。 ADHD·ある

繰り返します。

発達障害の場合の「落ち着きがない」は、脳の機能が原因。
ＨＳＰの場合の「落ち着きがない」は、過剰な刺激が原因。

ですから、過剰な刺激がないにもかかわらず落ち着きがない場合は、発達障害の可能性が高いと言えます。

さらに言えば、発達障害やＨＳＰが原因の場合、その症状は子どもの頃からよく見られた、ある意味、お馴染みの症状のはずです。

ですから、症状がいきなり「来た！」場合は、むしろ一時的なうつと考えられます（ＨＳＰとうつの違いについては、廣済堂出版刊の拙著『ＨＳＰとうつ〜自己肯定感を取り戻す方法』を参考にしてください）。

第1章まとめ

★HSPと発達障害には似た症状があり、混同される場合がある。発達障害と似た症状で、実は「HSP」の人もかなりいると推測される。

★HSPは周囲の人の影響を受けやすく、相手の症状がそのまま「うつる」こともあるのではないか。

★「発達障害」は脳の機能による病。HSPは気質。気質とは髪の毛が黒、茶色などというようなその人が持っている遺伝的な特徴。

★今出ている症状は原因なのか結果なのか？　原因と結果を取り違えているケースも多く、それを間違えると診断も治療もうまくいかない。

第2章

あなたはＨＳＰ？　発達障害？

——まずはチェックしてみましょう

得意・不得意の落差が激しい

前述しましたが、ＨＳＰは診断名ではなく、心理学の用語であり、気質を示す言葉です。一方「発達障害」は正式の医学用語で、数は少ないとはいえ専門の医療機関もあります。

発達障害と認められると公的な支援を受けられるケースもあります。

またＨＳＰと発達障害の両方の症状を持つ人もいます。

そのほか両者の境界線上、グレーゾーンの人と、それこそ「傾向」は千差万別です。

どんな人にも得意・不得意があります。

たとえば知能は高いが運動能力は低い、画像処理は得意だが文字系に弱い、あるいは理系には強いが文系には弱いとか、人はそもそもアンバランスな存在です。

ただ言えるのは、**ＨＳＰや発達障害は、その落差が大きい**ということです。

たとえば、好きなことには寝食を忘れて熱中する＝過集中。寝る、食べるという日常生活に欠かせない大切なことを忘れてしまうほどのめり込むわけです。

そして、環境によっては、そうした傾向の評価が変わってきます。

たとえば、文字系に弱い人がその能力を必要とされる場所にいると、それは「困ったこと」になりますが、アメリカの人気俳優トム・クルーズは文字が読めないディスレクシア（識字障害）があるのに、映像的な能力には優れ、俳優の道に進み大成功しています。俳優としてはセリフを覚えることは不可欠な能力ですが、彼はセリフを録音して耳から覚えるそうです。

不得意より得意に注目すれば、それは困った障害にはならないのです。

アスペルガー症候群の人たちは学校の成績もよく、優れた能力を見せるため「人づきあいがよくない」「空気が読めない」といったことは問題とされないことがあるからです。

実際、発達障害の判断基準である「ＤＳＭ－５」には重要なことが記されています。

それは、「その症状で本人が困っていれば診断する」ということです。

逆に言うと、**「その症状で困っていなければ特に診断は必要ない」**ということです。

アスペルガー症候群（ＡＳＤ）や多動性症候群（ＡＤＨＤ）は、人の気持ちがわからない、人の気持ちを忖度しない（できない）という面があるのですが、高い知能と優れた才能によって世界に知れ渡っている人も数多くいます。

偏りはあっても、ほかの能力でカバーできるとしたら、それは「障害」ではなく「**かけがえないのない個性**」なのです。

ＨＳＰであるにせよ、発達障害であるにせよ、まずは自分はどんなことが得意で、どんな症状に困っているかを知ることが非常に大切です。

というのは、**一人ひとり症状が違う**からです。

とても得意なことと不得意なこと、とても敏感なことと鈍感なことが混ざり合って一人の人間であるというのは、普通の人でもそうでしょう。ＨＳＰや発達障害の人はその落差が激しいというだけのことで、純粋なＡＤＨＤ、純粋なＡＳＤの人などというのは少ないといってもいいのではないかと思います。

そして、何が得意で、何に対して敏感かというのは一人ひとり異なる。ですから、まずは「自分の傾向を知る」こと。

これは、より良い生活、人生を送るためには、普通の人であっても必要なことなのです。

「困ったことがある」「困ったことが起きた」——それが自分の「傾向」を探る一番のチャンスです。もちろんそのときはパニックになったり、落ち込んだりするでしょうが、そこを冷静に見つめることが深く自分を知ることにつながります。そして、そのことが、これからのあなたの人生を実り多いものにしていきます。

気づいた者勝ち、あなたはすでに解決の糸口を見つけています。

あとはそれをほぐしていくだけです。

生活のなかでどんな点に困っているのか

まずは自分の傾向を探るために、ＨＳＰ度と発達障害度をチェックしてみましょう。

チェックするときには、毎日の生活のなかで「自分はどんなことに困っているか」に注目してください。

というのは、あとで述べますが、困ってもいないのにそこを問題点とすると、自分の才能や持ち味をなくしてしまうことがあるからです。

■HSP度（高敏感度）チェック

□ 人の気分に左右されやすい。
□ 音や色、光に敏感で気分が悪くなることがある。
□ サプライズは苦手。
□ 環境の変化に弱い（発達障害は新奇追求型で新しいものが好き）。
□ 飲み会など楽しいことのはずなのに疲れる。
□ 人の言葉をうのみにして判断を間違ったことがある。
□ 映画や芝居の登場人物に感情移入しやすい。
□ ミスや忘れ物が多い。
□ 友達は少ないほうだ。
□ 優柔不断で、なかなか決断できない。
□ 過去を思い出しては後悔する。
□ 親の顔色を見ながら育ったとの自覚がある。
□ 人から何か頼まれると断れない。
□ 自分への悪口を実際に耳にしたことがある。
□ 権威ある人、名のある人の言葉や書籍をそのまま信じる。
□ 気分が即体調に影響する。
□ 下着や洋服の匂い、肌触りが気になって仕方がない。
□ 映画やテレビのバイオレンスシーンを目にすると気分が悪くなる。
□ 自分の親は神経質だと感じたことがある。
□ 気が付くと「一人反省会」をしていることがある。
□ 暗示にかかりやすい。
□ 超常現象に遭遇したことがある。
□ 身の回りに不思議なことがよく起きる。
□ あれをして、これをしてと命令されるとパニックに陥る。
□ 大切な場面を控えると緊張して眠れなかったり動悸が激しい。
□ 悪いことが起きるのではないかと心配になることがある。
□ 人マネが得意で、よく感心される。
□ 嘘や偽善に敏感だと感じる。
□ 天然だねと言われることがある。
□ 実力より低く見られていると感じる。

「角を矯《た》めて牛を殺す」

牛の角が曲がっているからといって、それをまっすぐにしようとして牛を殺してしまう、往々にしてこういう例もあるのです。

どれくらい当てはまりましたか。

発達障害とは能力の凸凹とアンバランス

次は発達障害です。

こちらは、医療機関に正式な診断基準があります。

米国精神医学会によって１９９４年に作成されたＤＳＭ－Ⅳです。これに基づいてよく見られる特徴（症状）をチェックしてみましょう。

以下30項目を挙げてみましたが、ＨＳＰ度チェックと比べてみましょう。

ただし、ここに挙げたチェック項目は、多かれ少なかれ誰にでもある傾向ですから、

■発達障害度チェック

- □ 人が何を話しているのかわからないことがある。
- □ 一つのことに興味を持つと、そのことが頭を離れない。
- □ 一方的に自分のことばかり話すことがよくある。
- □ 自分なりの儀式を持ち、それをやらないと不安になる。
- □ 思ったことをすぐに口に出し後悔したことがある。
- □ 長い時間、待つことができず途中で帰ったり順番を無視したことがある。
- □ 物事を先延ばしにする傾向がある。
- □ 退屈に我慢できない。
- □ 部屋が片づけられず、家人とよく揉める。
- □ 買い物がやめられない。
- □ 料理の段取りが苦手で、作りながら洗ったりと二つのことが同時にできない。
- □ ストレスを感じると身体のどこかを動かさずにはいられない。
- □ 特定の食べ物しか口にしない。偏食が強い。
- □ 皆が笑っていることが面白く思えないことが多い（微妙な感情の欠如）。
- □ 頭のなかに次々といろんな考えが浮かんできて不安になる。
- □ タバコやアルコールをどうしても手放せない（依存）。
- □ 目新しいものにすぐに飛びつく（新奇追及傾向）。
- □ 昼間でも眠くなることがある（睡眠障害）。→人より長く寝る。
- □ 感情の起伏が激しいと言われる。
- □ 得意なことと不得意なことの差が激しい。
- □ 心配事が頭に浮かぶと、どんどん大きくなり不安や恐怖に陥る。
- □ 人と離れたときや仕事帰りの道でいきなり気分が変わることがよくある。
- □ ほかの人が考えもつかないことを考えると言われたことがある（創造性）。
- □ 学歴、育ちに関係なく自分はダメだと感じることがある（自己肯定感の低さ）。
- □ ほかの人が気づかない音や細部が気になることがある。
- □ 小説や映画でストーリーがよく理解できないことがある。
- □ 電話が苦手で出るのが怖くなることがある。
- □ 同じことを何度も繰り返す傾向がある。
- □ 仕事の期限が守れないことがある。
- □ 職場でコピー取りや掃除などの雑事が苦手で気が利かないと言われる。

チェックするか、しないか迷うことでしょう。ですから次の２つのポイントを意識して、チェックしてみてください。

「あまりに落差が激しい」
「それによって日常生活に支障が起きている」

さて、ＨＳＰと発達障害には共通項が多くあります。

① 光や音などの強い刺激に敏感に反応しやすい。
② 特定の分野において優れた才能を発揮する。
③ 外部と自分との違いに悩み、苦しみを感じている。
④ 大勢での飲み会より少人数の集まりが好き。
⑤ 頭のなかに次々といろんな考えが浮かぶ。
⑥ 心配事が浮かぶと、頭から離れなくなってしまう。
⑦ 想定外の出来事に弱く、パニックを起こしたことがある。

⑧　ほかの人には見えないモノが見えることがある。
⑨　睡眠障害がある。
⑩　建前と本音の区別がつかない。

ただし、共通項と言っても、ＨＳＰと発達障害では原因が違うことに留意してください。

たとえば④の共通項「大勢での飲み会より少人数の集まりが好き」。ＨＳＰは、大勢の人といると脳に刺激を受けすぎて疲れるのですが、発達障害は、相手の気持ちが読み取れないため大勢のなかにいても楽しくない。だから、大勢でいるのが苦手なのです。

⑤の「頭のなかに次々といろんな考えが浮かぶ」という共通項の場合は、ＨＳＰは五感の感度が鋭敏なため、脳が刺激を受けすぎる。発達障害の多動性は外部の刺激からではなく、脳が過剰興奮を受けやすいということです。

⑩の「建前と本音の区別がつかない」。これは普通の人でも難しいものです。それはともかく、ＨＳＰは人の言葉を素直に信じてしまう傾向がありますが、発達障害は、言葉や表情の裏を読み取れないので、本音と建前の区別がつかないということです。

ＨＳＰの人の「過剰反応」はあくまで外部の刺激が原因であり、「困った症状」はその結果です。

発達障害の人は、脳の機能そのものが原因です。

ご自分の症状がある特定の条件の下での結果なのか、常に起きているのかを考えてみるとわかりやすいと思います。

このように、ＨＳＰと発達障害というのは、ある意味、正反対の状態であるにもかかわらず、多くの共通項がある。これは不思議なことです。

発達障害とされる人たちの中に、実はＨＳＰであるかもしれない人が多くいるのではないかと第1章で述べましたが、それくらい共通項は多いのです。

一方、両者には次のような明らかな違いもあります。

発達障害　空気が読めない＝コミュニケーション障害

ＨＳＰ　　空気を読みすぎて苦しい＝他人の言動に振り回される

発達障害　片付けや整理が苦手
ＨＳＰ　片付いていないと落ち着かない

少し前から「断捨離」とか「片付け」がブームになっています。「すべてきちんとしていないと気が済まない」ＨＳＰの人がいる一方、「片付けができない・料理ができない」発達障害の人が同じ家庭内にいる場合、家庭内でトラブルになることもあるでしょう。

発達障害とＨＳＰには他にも違いがあります。整理してみましょう。

■注意力

ＨＳＰ

細かいところにまで注意が行き届く。

ＡＤＨＤ（発達障害）

興味のあることにはすごい集中力を示す。

一方目の前の刺激に応じて興味や注意がコロコロ変わる。

■衝動性

ＨＳＰ

他者への共感度が高いので衝動性はない。しかし他者への気持ちを忖度しすぎて苦しくなったり、身動き取れなくなったりする。

「石橋を叩きすぎて壊してしまう」ことがある。

ＡＤＨＤ

相手の気持ちや立場を考えないので、思ったことをすぐに口に出す衝動性がある。

■空気を読む

ＨＳＰ

空気を読みすぎて疲れる。

物理的に「空気の層」といった像が見えることがある。

ＡＤＨＤ

実際に目に見えない空気、雰囲気を読み取るのは苦手で、「人の気持ちがわからない」などと非難されることがある。

皮肉、揶揄《やゆ》、ユーモアといった微妙なエスプリ（機知）を感じるのが苦手で「真面目で面白みがない」と言われることもある。

ＡＤＨＤの基本は衝動性にあります。

「今は頭に血が上っているけど、落ち着いて考えれば人はそんな風に考えていない」と、繰り返し、繰り返し自分に言い聞かせましょう（「ＨＳＰと発達障害」の類似点と相違点Ｐ49表参照）。

では第1章で挙げたタイプ別の症状を、ＨＳＰなのか発達障害なのか、あるいはグレーゾーンなのか検討してみることにしましょう。

タイプ別症例を診断してみる

ケース① 好きな人と結婚したのに大きなストレス

「片付け」ができないA子さんのケース→1章P29

発達障害には2つのことが一度にできないなど、ルーティンワークが苦手なタイプがあります。

特に書類の整理や片付け、家事では料理が苦手です。料理には段取りが欠かせませんが、包丁で野菜を切りながら、火にかけた鍋の塩梅《あんばい》を確かめたり、使ったモノを洗いながら、次の料理の手順を考えるといった作業が苦手です。

実家暮らしをしているときは親（母親）が家事を行い、本人は勉強や仕事だけやっていればよかったので特に問題のなかった人が、結婚や転勤などで家事を自分でやる必要が出てくると混乱が表面化します。

ただし、ＨＳＰの人も、結婚を契機にトラブルが表面化することもあります。これは相手との「育成歴（育ちの違い）」や「考え方」の違いからストレスを受けるためです。料理の味付け一つにしても、「辛すぎる」「甘すぎる」といった家庭の味の基準が違います。片付けにしても、散らかり程度が「これくらい普通」と感じるか「散らかっている」と感じるか、「普通」のレベルがそれぞれの家庭で大きく違います。これらの「違い」に敏感な人は、それらに絶えず脳が反応し、精神的に圧迫されて体調を崩すこともあります。

ですからA子さんの場合は、ＨＳＰの人が発達障害の傾向を持ってしまった「ＨＳＰうつり」のグレーゾーンかもしれません。「かもしれません」というのは、どんな人でもこういった偏った傾向はあるからです。

ＨＳＰの人がストレスを感じた場合、気分を変えようと人ごみに出たりすると余計にストレスを感じる場合があります。野菜の色や匂いが気になることもあります。

「家事」や「料理」がどのくらいできないのか。

その理由はなにか。

「整理」「片付け」はいつからできないのか。それは、今抱えているストレスだけが原因なのかどうかを考えてみましょう。

ケース②
専門分野を出たのに専門職に辿りつけない

B君のケース↓P33

専門分野では優秀で対人関係が苦手なのになぜか営業職に就かされているＢ君のケース。これは会社の人事管理にも問題がありそうですが、それはさておき、いくつかの点で発達障害の中の「アスペルガー症候群」の可能性もあります。

先のＡ子さんの例で挙げたＡＤＨＤ（注意欠陥症）とは違い、特定の分野に突出した才能を見せるアスペルガー症候群は「天才型」とも言われています。

その反面、「人とのかかわりやコミュニケーションが大の苦手」で、「言葉の裏が読み取れない」つまり「空気が読めない」「本音と建前の区別がつかない」など、人間関係の面でのトラブルが多く起きます。

自分の気持ちもうまく表せないこともあり、「コミュ障（コミュニケーション障害）」

と言われることもあります。

しかし、このタイプの人は人間関係のトラブルさえクリアできれば、次のような多くの長所があります。

① 既成概念に捉われず感性が鋭いので、人のできないことをやる力、才能がある。

② 得意なこと、好きなことにはすごい集中力を見せる。

③ 真面目に物事に取り組む。

ベートーベン、コナン・ドイル、相対性理論を唱えたアインシュタイン、画家のゴッホなど多くの芸術家がこのタイプです。

医者や弁護士、検事といった職業にもこのタイプは多く、たとえば医者や検事といった職業では「相手の感情に左右されることなく、適切な診断や判決を下せる」能力を十分に生かせるのです（第4章「ＨＳＰ・発達障害は才能の宝庫」参照）。

B君のケースはせっかくの自分の能力が生かせず、苦手な「人間関係」や「雑事」にばかり翻弄される毎日。一日も早く自分の適性を理解して自分に合った職場を探すことが大切です。

ただ高学歴でプライドの高い人は、自分に合った仕事や会社より、「世間的に名の通った会社」「脚光を浴びる仕事」を優先する傾向があります。

この際、自分の適性や性格傾向をしっかり掴む機会だと捉えましょう。

ケース③ 音、色、光、情報。何もかも過剰過ぎて溺れそう!!

C子さんのケース→1章P37

こちらは一見してＨＳＰと判断されがちですが、「アスペルガー症候群」でも、音や匂いへの過剰な反応はあるのです。

タレントで俳優の栗原類さんは、その著書『発達障害の僕が輝ける場所をみつけられた理由』（ＫＡＤＯＫＡＷＡ）の中で、自身の過敏性について述べています。

「僕は小さい頃から、特に音に対して敏感でした。でもそれは決して「聴力が良い」ということではなく、僕にとって「良い音」と「悪い音」の違いがはっきりしていました。

……保育園時代、もっとも苦手だったのは園児たちの「がなりたてるような歌声」でした。……毎回耳を塞いで甲羅に閉じこもった亀のように固まって地面にしゃがみこむか、怖くて教室から逃げ出すばかりでした」

一方HSPは、脳のミラーニューロンが人一倍活発なため、外部の音や光、匂いなどを拾い集めてしまい、脳が過剰反応を起こしてしまうのです。

大勢の人の集まる場所には、音、色、匂いが氾濫しています。敏感な人はこの氾濫に脳が耐えきれず、体調不良を起こしてしまいます。

また「自分と他人との境界線が薄い」ため、目の前にいる人の影響をモロに受けやすく、場合によっては、その人の心の状態（機嫌の良し悪し、好き嫌いなど）までが自分の脳（心）に映ってしまい、自他の区別が曖昧になってしまいます。

そのため人を避けるようになり、人間関係がうまく築けない、コミュ障といった症状になって現れることがあります。

C子さんのケースでは、「アスペルガー症候群」に見られる他の症状、たとえば「興味の幅が非常に狭く、一度何かに集中しはじめると、ほかのことは考えられない」といった状態になるかどうかで判断します。

色、音、光などが一度気になり始めたら、そのことが頭を離れないのかもしれません。対処法としては、海や草原、山などあまり人のいない静かな場所に行くとか、自分一人の部屋で音楽、テレビ、パソコン、スマホなどの刺激を遠ざけてみることが大事です。

ケース④
異性関係でつまづいたD子さん
褒め言葉をそのまま信じてしまう→1章P40

アスペルガー症候群の最も大きな特徴は、「人とのかかわり方」に困難を抱えていることです。

これには次の４つのタイプがあります。

① 自分からは動かない受動型
② 自分のことしか考えない積極型
③ 他者を必要としない孤立型
④ ルールに縛られる格式ばった型

D子さんは、自分から人にかかわることが苦手ですが、人から話しかけられたり、好意を示されると、その人の言いなりになる傾向があるようです。

こういう人は女性に多いと言われ、「自己肯定感の低さ」も原因である可能性があります。

ＨＳＰの場合は、相手の心を先読みすることで相手の言いなりになる傾向があり、アスペルガー症候群と同じように見えますが、

相手の心、気持ちがわかり過ぎる＝ＨＳＰ、

相手の気持ちはわからないけど、言われたことをそのまま信じる＝アスペルガー傾向、

と判断します。

自分がどちらなのか判断した上で、第３章の対処法を実行してください。

グレーゾーンの人はとても多い

自分はＨＳＰか、発達障害か。それを知るためにチェックをしてみてください。

その結果、「どちらにも当てはまる」と不安になった方もいるかもしれません。でも、実はそういう人はとても多いのです。

どんな病気でもチェックしてみると「こんな症状はある」と思うものです。

心身ともに全く健康な人のほうが珍しいからです。

多くの人は心身に不調やアンバランスを抱えながら毎日を送っています。

問題なのは、その症状を気にしすぎたり、不安を抱え込みすぎて、日常生活が不安定になってしまう場合です。その場合は、考え方を変えてみるのも一つの方法です。

片付けが得意ではないのは、その必要性を認めていないからかもしれません。

人と話をするのが苦手なのは、一人で思索にふけりたいからかもしれません。

社会は、あなたにいろんなことを要求してきます。だから、それができないことで自分が劣っているとか、正常でないと考えてしまう人が多いのです。

でも、逆に言えば、できないこと、不得意なことがあるのが人間で、あることができない、不得意であるから自分は正常でないとか、ダメだとか考える必要はないということです。

このことは、ぜひ頭の隅に置いておいて欲しいと思います。

「障害」という言葉を聞くとドキッとしますよね。自分は「障害がある」と認めるのはなかなか難しいものです。特にアスペルガーの人は、ほかの人以上に優れた点も多いため、「障害」と診断されることに抵抗がある人もいるのではないでしょうか。

しかし発達障害を表す英語「Developmental Disorder」の「disorder」とは、乱れとか不調とか軽い病気の意味ですから、発達にちょっと乱れが見られ「多少のハンディはあるけれど……」くらいの意味だと思えばいいのです。

「ほとんどの人はアンバランスな心の状態を抱えて生きている」と知っておくことも救いになるのではないでしょうか。

あとで詳しく述べますが、「困ったこと」ばかりに焦点を合わせず、自分の持つ傾向の長所を生かす方向により多くのエネルギーを使うようにしましょう。

第2章まとめ

★得意・不得意は誰にでもある。環境によりそれは大きく変わってくる。

★得意・不得意の落差が激しく、日常生活に支障がある場合のみ、それは解決すべき問題となる。

★ＨＳＰも発達障害も一人ひとり症状が違う。あることには非常に敏感なのに、ある面では非常に鈍感だったりする。

★純粋なＡＤＨＤ、純粋なＡＳＤ、純粋なＨＳＰはいない。混ざっているグレーゾーンの人が増えている。

★チェック事項から自分の傾向を知ることが「自分を知る」ために重要。

第3章

HSPと発達障害・グレーゾーン

——「困った・苦しい」の対処法とその原因

この章では、「発達障害＝アスペルガー症候群やＡＤＨＤ」とＨＳＰの原因を考えていきます。

その上でどんな対処法があるのかを紹介していきます。

グレーゾーンにいる人も両者の原因を知ることは、症状緩和に役立ちます。

脳内機能＝ホルモンの不足と過剰

発達障害とは、「脳の偏り」「脳の機能不全」です。脳の発達にデコボコが生まれることで起きます。脳の機能が場所によってアンバランスなわけです。

と言っても、ほとんどの人の脳にもアンバランスはあります。**バランスのとれた人のほうが稀有で、珍しい**のですが、発達障害の場合、そのアンバランスの差が激しいのが大きな特徴です。

その上、どんな症状がでるのか、人によってマチマチなので混乱してしまうわけです。

たとえば「こだわりが強い」という特徴も、あるものに対してはまったく無頓着かと思えば、あるものには極端なこだわりを見せる。あるいは、何に対しても特段の「こだわり」を見せない人もいます。

一般的な「発達障害＝アスペルガー症候群」とはどんな症状かを知ったあとは、「自分の脳のクセ」を知ることがとても大事になってきます。

いわば、**「特別あつらえの脳」（自分の脳）**が何に対しどのくらい「こだわる」のか。そして、日常生活に支障をきたす、きたさないがメルクマールとなります。

まずは、自分のアンバランスがどの程度なのかを自己確認してみましょう。

デコボコが起きる原因については遺伝、幼児期の病気、生活習慣などいろいろ挙げられていますが、確実なことは不明です。

最近、発達障害の人が増えたことについて、それほど「脳の機能不全」の人がいきなり増えるのはおかしいとの見解もあります。「脳の機能不全」ばかりではなく、「ＨＳＰうつり（発達障害の傾向も持ってしまったＨＳＰ）」や環境の激変など、ほかに原因があるのではないかと言われています。

つまり「発達障害」的な症状を見せる人が増えたのは、ストレスが過剰に増えた現代社会こそが病的であり、健全に機能していないからではないか、というわけです。

発達障害の子を持つ親には、同じような「偏り」が見られることも多いのですが、1

９８０年代までには「発達障害」の概念自体がまだなかったので、それを知らないまま過ごした人も多いのです。

ちなみに、我が家も同じケースかもしれません（→第1章ケース⑤「私のケース」参照）

一方のＨＳＰは、脳の一部が外部の出来事に敏感に反応してしまうため、さまざまな不調が起きてしまいます。

アメリカの心理学者エレイン・Ｎ・アーロンの『ささいなことにもすぐに「動揺」してしまうあなたへ。』」が出版されたのは１９９６年。同じ頃、サリ・ソルデンの『片づけられない女たち』が邦訳（２０００年）され、大人の「発達障害」が日本で認識され始めました。

両者は症状としても似た部分が多いため、ＨＳＰと発達障害は混同されることが多く、特にＨＳＰは、病気ではないため医師のなかにも知らない人が多く、発達障害ではないかと誤診誤解されてきたケースが多いのです。

両者の症状が似ているのは、脳の同じような箇所が、

「過剰」＝HSP
「不全」＝発達障害
と、健常に働かないことが共通しているからです。

ADHD（多動性機能障害）の原因については、かつては「前頭葉機能不全（前頭葉の抑制が効かない状態）」とも言われましたが、最近の研究では、脳のさまざまな機能のつながり、連携がうまく取れないためとも言われています。

なぜ脳の連携がスムーズにいかないのか。

これには生化学の分野でも研究が行われており、脳の神経伝達物質である「モノアミン（ドーパミン、ノルアドレナリン、セロトニン）」の不足が指摘されています。

この3つの物質は、最近とみに脚光を浴びていますね。「報酬系ホルモン」「シアワセ・ホルモン」との別名もあります。

ストレスを受けると、脳内でこれらのホルモンが不足すると言われ、瞑想や動物の癒しなどによってセロトニンが増えるとも言われています。

一方、ＨＳＰも同じ脳の不調が原因ですが、こちらは「脳が周囲の情報に敏感になり反応しすぎるため」に起きる不調です。

こちらは病気ではなく「気質」です。

あらゆる生物の一部、おおよそ1％から20％が持つとされ、「選ばれし者」とも言われます。この気質がなかったら生物は生き延びることができないからです。

一般的に知られていないことによる弊害は、発達障害と間違えて診断されることだけではなく、二次障害――仕事への不適応、人間不信、生活リズムの狂いからくる身体不調、うつなどがあります。

診断が間違っているゆえに対処法も間違う。そのためにいつまでも苦しんだり、薬による依存症、副作用などが出てきます。私の場合は、まず「うつ」として表れましたが、のちに「ＨＳＰ気質」と知ったことで安心した経緯があります。

私自身が長年苦しんできた敏感さ、繊細さは、生まれつき備わっているセンサーが人一倍敏感、優れているとわかったからです。センサーが優れているのなら、その使い方さえ知れば、人より優れたことができると信じられるようになったのです。

ちなみに「気質」とは、たとえば髪の毛が黒い、茶色いというように、その人が持って生まれた性質です。そこには優劣はありません。しかし、現代社会では「精神的に強いことはいいことだ」とされ、細かいことを気にしないほうが「タフな人」とされてもてはやされる傾向があります。そのため「繊細さ」や「敏感さ」は「矯正されるべき」とされ、苦しんでいる人が多いのです。

「敏感さ」は、天敵を素早くキャッチして仲間に知らせるなど、生物が生き残るための生存戦略だったので、たとえば匂いや音に敏感なのは、その匂いが腐っていることを知らせる、天敵が近づいていることを察知させ、口に入れるのを止めたり、早めに逃げることで身を守ることに役立っていたのです。

しかし、現代社会では冷蔵庫の普及などで、かつてほどの敏感さは必要ではなくなりました。にもかかわらずＨＳＰの人は、匂いや音への敏感さを感じて不調を起こすのです。

現代は刺激に溢れた社会で、ＨＳＰの人にとっては、その敏感さが却って仇になっている面がある。現代ストレス社会のなかで、身を守るために周囲に過剰反応してしまうのです。

たとえばわずかの音に反応して鳴り続けるベルのように。あるいはわずかの火に反応する火災報知機のようなものなのです。

「脳内ホルモンのせい」と考える

発達障害のなかでもＡＤＨＤは、脳内の報酬系ホルモン、つまり幸福を感じるためのホルモンであるドーパミンの分泌が少ない傾向があります。また、注意力や衝動性にかかわるノルアドレナリンも不足気味で、これにより、注意、持続力が低く、衝動性が高くなります。

つまり、やる気が出なかったり、疲れやすいのは精神力が足りないからではなく、ホルモンのせい。こう考えると少しは楽になるのではないでしょうか。

たとえば「やる気」。

ＡＤＨＤは脳の注意システムがうまく働かない結果です。脳の注意システムは覚醒、やる気、報酬系、そして動作をつかさどる部位がスムーズにつながってこそ起動します。ただし、このシステムは気まぐれで、授業中に落ち着きのない子がテレビゲームなら何時間でも集中できる。

状況によって、脳の報酬系の活動がはっきりと違っているのです。

報酬系はドーパミンが束になった「側坐核」と呼ばれる部位で、喜びや満足の信号を前頭前野に送って、集中するために必要な動機や「やる気」を生み出しています。

脳の報酬系機能を活性化させるための刺激は人によっても、同じ人でも対象物によって違ってくるのです。

ＡＤＨＤの注意システムの不具合は「欠陥」というより、思った通りに注意を向けられないということです。狙った場所に焦点が当たらないわけです。

ＨＳＰについても脳のホルモンが関与しているのですが、これは意外に見逃されがちです。敏感さを感じたあとの脳を調べると、脳におけるアドレナリンともいえるノルエピネフリンが多く分泌されていることがわかっています。

ノルエピネフリンとは、神経の昂りに関連している物質です。

また、ＨＳＰは平常時でもストレスホルモンであるコルチゾールの分泌が多いのが特徴です。なにしろ自分の気質として「危険を察知」するベルが備わっているのですから、リスクを人一倍感じるためのホルモンが多いのは当然です。

ですから、不安やドキドキなどの症状が出たら、「特に心配するほどのことはない。誤作動の一種だ」と、自分に言い聞かせましょう。

軽い症状なら、手や身体の一部をなでたりしてセロトニンという「幸せホルモン」を出すことで落ち着きを取り戻すこともできます。

私たちの脳の注意システムは、脳のほかの部位と同じく、身の回りの環境について理解するのが精一杯なのです。その点については1万年前と変わっていません。

ところが、インターネットが支配するこの世界では何でも早く進むのが当然で、そうでないとたちまちイライラする。携帯が鳴らない、メールが届かない、そんなことが1時間も続くと何かあったのではないかと心配になる、自分は見捨てられたのではないかと不安になる。これは「現代病」と言ってもよいでしょう。

私たちは太古の時代とは全然違うリスク・危険にさらされているのですが、**脳は未だに太古のまま。そのズレがさまざまな症状を起こす**のです。

こういった事実を知っておくことも大切です。

ある対象に対して「脳と感覚がズレを起こしている。私はそのズレを感じ取っているだけだ」あるいは「感じ取れる特別な能力を私は授けられているのだ」と。

月経前症候群にも注意を！

話は逸れますが、ホルモンに関することは案外忘れられがちですので、ここで、女性のホルモンの大切さについても述べておきたいと思います。

成人した男性のホルモンはほぼ一定ですが、女性の場合は、少女から成人した女性、妊娠、年齢を重ねるなど、環境や年齢によって絶えず変動を続けます。

女性にとって身近なのは「月経前症候群」です。

この時期、女性は心身とも不安定です。

なかには特に理由もないのにひどく憂鬱になる人もいます。「会社を辞めたくなる」「離婚したくなる」「育児が辛くなる」「すべての家事を放り出したくなる」「夫とのいさかいが増える」「顔も見たくなくなる」といった人さえいます。

知り合いの女性に、妊娠したものの相手の顔も見たくなくなり、事実を知った男性は、「自分が全否定された」ような気になり、うつになりかけたケースがあります。

無事にもとのサヤに収まったのですが、あとで女性は「あれはホルモンの影響だった」と言っていたようです。男性はまさか「ホルモンのせいで自分が避けられた」とは思いもよらず、知ったときには安堵のため息を漏らしたということです。

男性に理解があったからよかったものの、そのまま別れ話に進んでいってもおかしくないですね。それほど「ホルモン」にはある種のパワーがあります。

同じホルモンの影響で起きる「更年期障害」は「女性ホルモン」の不足を脳が感知してほてり、めまい、のぼせなどの身体的症状や気分が落ち込む、やる気がでない、不安などの心理的な症状を引き起こします。

発達障害は、脳のなかのある特定のホルモンの多寡が引き起こす症状です。

ＨＳＰは、発達しすぎた脳のなかのミラーニューロンが主な原因です。

自分の身体や心に起きる症状は、自分の性格が原因と判断しがちですが、脳というシステムが引き起こす症状だと割り切ることも必要です。

自分の身体は、自分であって自分でないような「脳という別のシステム」で動くこともある。

では、自分の脳はどんな偏り、アンバランス、デコボコがあるのか。それは生活のなかでどんな困ったことを起こしているのでしょうか。

それを知った上で、「困った症状」が起きたら、「身体のなかの『困ったちゃん』がまたいたずらしている」「しばらくすると収まる」と自分の身体をコントロールしてみましょう。

「困った」を見える化する

ＨＳＰや発達障害、グレーゾーンについての一般的な知識をある程度得たあなたが次にやることは、自分自身の「脳のクセ、偏り」について検討していくことです。

繰り返しますが、脳の不調は、あなたの性格が原因となって起こるわけではありません。

それは遺伝、環境、心理的なストレスなどが重なって脳の機能不全が起きたからで、認知療法など確実に効果が上がる治療法があるのです。

自分の症状は、必ず緩和することができると信じてください。

うまくコントロールできれば、それは逆に素晴らしい才能になる可能性を秘めているのです。

実際、人類の発達や歴史は、ＨＳＰと発達障害という才能を与えられた人たちによって担われた部分が大きいとも言われているのです。

ＨＳＰは、そのリスクヘッジ能力で危険を察知し、大勢に知らせることで人々を救ってきました。またシャーマン的な能力で未来を予言したり、個人的にも、優れた直観によって嫌な場所や人を遠ざけることで安全を保っています。

大いなる能力とは、危険な状態から逃げることではなく、危険が起きる前に避けることです。

これまであなたが無事に生きてこられたのは、危険を回避し、安全な道を自然に選んできたからなのです。

かつて小説などで人気だった超能力ものは、「超能力者」が特殊な能力を使ってさまざまなことを成し遂げるものでした。ところが、ある時期からスティーブン・キングや宮部みゆきさんなどは「超能力」を与えられた人たちの苦しみと悩みを描くようになり、それが大いに共感を呼び、ベストセラーになっていきました。

ディズニーのアニメ映画『アナと雪の女王』もそうですね。

特別な能力を授けられた人たちの悩みと苦しみ、これは発達障害＝アスペルガー症候群やＨＳＰ、あるいはグレーゾーンでも特別な能力を持った人々が増え、自覚し始めたからではないでしょうか。

自分の持つ能力を自覚し、それをいかに使うかを考え始めたときから、状況は変わってきます。足りないところは、たとえば視力の弱い人が眼鏡をかけるように補えばいいのです。

読み書きの困難さを伴うディスレクシア（識字障害）の可能性があるのなら、音声やイラストなどを使って学ぶ方法や、パソコンのタッチタイピングで書いていく方法もあります。

過剰な部分は、それを抑えるためのトレーニングを、足りない部分はどんな道具を使えば補えるかを考えます。

そのためにはまず自分を知る（自己認知）こと。そのためにはまず「自分のトリセツ」を作ってみることをおすすめします。

自分のトリセツ・辞書を作る

発達障害の傾向を持つ人は、相手の発言の意図やニュアンスを理解しづらいのが特徴です。

そこで、私自身にも言えることですが、自分なりの辞書を作るようにしています。これはＨＳＰの人にも大事だと思っています。

たとえば「考えさせてください」という言葉は「断ります」という意味で、「考えて結果を出す」という意味ではないということを知りました。「先に行って食事をしてください」という言葉は、かなりの確率で「今日は行けません」という意味だということも覚えました。

こんなことは、多くの人は普通に理解していることでしょうが、発達障害のような気質の人にはわかりづらい。だから、いつも外国にいると思って生活をするのが無難だと思うのです。

トリセツを作るときのポイント

ＨＳＰや発達障害で生きづらさを抱えた人が、その苦しさを軽くすることで社会的な自己実現を成すことはもちろん可能です。可能などころか、いま感じている生きづらさ、苦しさを長所、武器に変えることもできるでしょう。

そのためには、自らの行動パターンのクセ、傾向を知っておくことは、どんな人にも有効です。

むしろ、こういうクセや傾向で苦しんでいるからこそ、独自のクセや傾向に気づいたのだと前向き、積極的に考えましょう。才能ある人が多いのも事実です。そういった人々の自伝を読んだりすることは、自分にも何かできるという励みにもなるでしょう。

自分のクセや傾向を知ることを「自己認知」と呼びます。このときのポイントを挙げておきます。

■身近な人に自分のクセや傾向をチェックしてもらう

「自分のクセや傾向を知る」と言っても、なかなか難しいものです。

たとえばいろんなことを悲観的にとらえてしまう傾向があるとしても、自分ではそれが「事実」だと思ってしまうから苦しいわけです。「過集中」「執着気質」があるとしても、自分ではそれを特に困ったこととは捉えていないかもしれません。

ですから、身近な信頼できる人に自分の傾向をチェックしてもらい、自分のクセや傾向を知ることです。

■周りの人に、自分のクセ、傾向を伝え、協力してもらう

自分のクセや傾向のなかで困っていることがあったら、それを周りの人に伝えておきましょう。敏感すぎるＨＳＰの人はとにかく疲れやすいので、職場でも静かな環境や一人になる場所が必要です。また、急ぎの仕事を安易に引き受けるとパニックを起こし、ミスが多くなるかもしれません。

職場でのミスは避けたほうがいいのですから、自分の傾向を伝えることでお互いよい結果になる。急ぎの仕事ができない代わりに、こちらをやりますと告げることで相手のストレスも減るのではないでしょうか。

家庭でも、パソコンやゲームなどへの過集中が見られる場合は注意してもらう。家事一般が苦手でどうしてもできない場合は、できることとできないことを相手に伝えることで協力を仰ぎましょう。

■余力があれば身近な人のトリセツも作る

前述したように、現代社会では「バランスの取れている人」の方が珍しいのです。あなたを「変わった人だ」と決めつける相手こそ「変な人」かもしれません。あなたにパワハラやいじめをする人もまた「ジャイアン型発達障害」の可能性は高い。

神戸の中学で教師同士のいじめが事件になりましたが、いじめた側はまったく罪悪感を持っていなかった。それがまた大きな問題になりました。

このところ、パワハラをはじめとする社会に出てからのいじめが頻繁に話題になります。これまで蓋をされていた権威ある人の暴言が明るみに出てくるようになり、厳しい社会的制裁や処分を受けるようになりました。

これまでは「弱い側」が、自分の傾向やクセを知ることで対処法を学んできましたが、これからは「強い側」、権威のある側の人も、自分の傾向、クセをチェックしたほうがいい時代になったのではないでしょうか。

あなたの周りの人にはどんな人がいますか。

嬉しいのに素直に「嬉しい」と言えない人がいます。

優しいのにぶっきらぼうに見える人もいます。

性格はいいのに声が大きい、声が高すぎて耳障りという人もいます。

冗談の通じない相手もいます。

身近な人、大切な人、どうしても接しないといけない人のトリセツも作ってみましょう。

■機械的な対応でいいと割り切る

ＨＳＰは相手の言葉の裏を読み過ぎる傾向があるので、相手の言葉をもっと単純にとらえるようにしましょう。

発達障害に多い「空気を読むのが苦手な人」は、相手の言ったことに対しあまり言葉を多く返す必要はありません。とにかく「ありがとう」と「申し訳ありません（すみません）」、加えて朝夕の挨拶をきちんと言うだけにする。つまり、機械的に対応するようにします。

この機械的な対応というのはとても効果があります。

なぜなら、ほとんどの人は、表向きのマナーがしっかりしているだけで、少なくとも不愉快さを感じないからです。

深くつきあう必要のない相手にはこの機械的な対応でいきましょう。

■メモ魔になる

朝起きたときや、出かけるとき、仕事に入る前など、タイミングを決めてメモに書いてあることを確認しましょう。

大切な用事や日付、人の名前、仕事の手順などを思い出し、スムーズに事を進めるようにします。

このメモを書くことは、非常に重要、かつどんな人でも役に立ちます。

■神経と気質の問題と捉える

たとえば、「落ち着きがなくなる」「原因は思い当たらないのに不安になる」。こうした状態は神経、脳内物質の問題です。

人から何かを言われて落ち込む、人に振り回されて苦しい。これはミラーニューロンのせい、相手の言動に過度に反応しすぎているせいだと考えるようにします。

実際、脳のシステムを調節しているのは、前述したようにドーパミンとノルアドレナリンです。

ドーパミンは何かに注意を向けるときの潤滑油のようなもので、それが足りないとなかなかシフトできなかったり、過集中という高いギアが入ったままになったりするのです。

これを調節するためには、瞑想、マインドフルネス、そして運動（それも激しい運動）が効果があります。

瞑想はストレスホルモンのコルチゾールを減少させ、脳がストレスを感じても、それを神経系に伝えないようにストップします。そのため不安や恐怖を軽減させる効果があるのです。また、運動は脳内の潤滑油であるドーパミンを増やす効果があります。

■「自分で解決できる問題」と「共存するしかない問題」を区別する

いくら自己認知を深めていっても、目の前に起こる問題（困ったこと）には、自分の努力や対処法で解決できるケースもあれば、それでは解決できないケースもあります。共存するしかない問題とは、脳の機能障害から起きる困ったことです。これらの症状は、自分一人で解決するのは困難ですから、専門家に頼りましょう。

自分一人ではどうにもならないことが自分にはあるということを知ること。それ含めての自己認知なのです。

■欠点ばかりにとらわれず、長所や得意分野を中心に考える

生きづらさを抱えている人は、自分のマイナス面ばかりを見てしまう傾向があります。プラスとされていることにも必ずマイナスの側面があるように、マイナスとされていることにもプラスの面は必ずあるものです。

この世界は光と影でできています。多様性というカラフルさがあるからこそ、わくわくするのです。

世界は白と黒というモノトーンだけでできているわけではありません。自分は「特別な色だ」と認識してみましょう。この色を使って、どんな景色が描けるだろうかとイメージしてみてください。

「困った」の例とその対処法

基本的な症状をご紹介しましたが、これらの症状は日常生活のなかでどのような「困った」こととして現れるのでしょうか。

ここでは発達障害のなかのＡＤＨＤ（注意欠陥症）とアスペルガー症候群のグレーゾーン、ＨＳＰについて述べていきます。

繰り返しますが、こういった人は一人ひとり、得意・不得意も違えば、どんなことに困っているのかも違います。

自分の「困った」を見える化してみましょう。

これまで、または現在、どんなことで困っているのかをノートに書き出してみましょう。あるいは、本のこのページをコピーしていただいても結構です。

対処法① 人とうまく付き合うことができない、あるいは不得意

職場、仕事関係で人に対するときのための、簡単なマニュアルを作っておきます。一番便利な言葉は、「ありがとうございます」と「申し訳ありません」です。

仕事が終わったら、あるいは何かお願いしたら、それを当然と考えず、まずは「ありがとうございます」と口にしましょう。

ミスをしてしまったとき、「ミスを訂正しました」と事実だけを述べるより「ミスを訂正しました。今回は申し訳ありませんでした」と述べることで相手の気持ちはかなり緩やかになります。

時間がきて退社するとき「お先に失礼します」と言う人は多いと思いますが、「ありがとうございました。お先に失礼します」と一言、「ありがとう」を添えるだけで人間関係がより円滑になります。シンプルながら大きな効果がある魔法の言葉です。

小津安二郎監督の映画に『お早う』という作品があります。最後のシーンは主役の二

人の男女が「お早うございます」「いいお天気ですね」「ほんとうにいいお天気ですね」と延々とマニュアル挨拶を繰り返しています。

日本では、相手の言葉をそのまま繰り返すことは相手への好意、敬意を表しているとされていて、その風習はいまも大きく残っています。

困ったらとにかくマニュアル用語、と覚えておきましょう。

対処法② 片付けが苦手で、部屋の散らかり方がひどい

片付けができないことで一番困ったことが起きるとしたら、必要なときに必要なモノが出てこないことです。

出勤のときに鍵やスマホ、定期券が見つからない！　そういったことが頻繁に起きるようなら、出勤用のボックスを作っておいて、帰ったらその箱に必ず入れるようにします。そして、入れ忘れがないように、玄関などに紙に書いて貼っておきましょう。

翌日、スムーズに出勤できたら、そのときの気持ちよさをしっかり頭に刻みつけます。その気持ちよさを、たとえばバッグの中の整理、引き出しの整理、部屋の隅に山積みになっている衣類の整理……という風に広げていきます。

細かいグッズ、たとえば爪切りなどは、引き出しの日につくところに、そこに入っているものを書いて貼っておくといいでしょう。必要なときにさっと出ると、とても気持ちがいいとわかり、仕舞うときにも「これはこの場所」とわかるので安心です。

最近は片付けがブームで、何もかもきれいに片付いている部屋が雑誌などに載っていますが、あれは特殊な例と割り切って、プレッシャーを感じないようにします。

いくつか部屋があれば、片付いた部屋を一つだけでも作っておくのもいいと思います。自分でやるのが難しいときは、プロに頼んでもいい。最近はこの手の仕事を受けてくれる人が増えています。

リビングなど人が集まる場所だけでも片付いていると、気持ちが落ち着きます。

対処法③ 他人の言葉や本、ネットなどの情報をすぐに信じる

自分と他人との境界線が薄い人は、ネットの情報や人の言葉をそのまま信じてしまう傾向があります。いわゆる「他人に振り回される人」ですね。

私自身、若い頃に、ある権威ある人から「邪念を持っていては何もできない。自分は何も持っていないというところから始めなければならない。その覚悟はあるか」と問い詰められ、羨望、欲望といった邪念だらけの自分は「仕事をする資格はない」と思いつめてしまった過去があります。すでに大学病院の医者になっていたにもかかわらず「も

う一度医学部を受け直そう」とまで考え、幸いにも妻がそれをとめてくれたのです。

　その人の言葉は正しかったのかもしれませんが、問題は、その言葉をすべて自分のこととして捉えてしまったことです。

「あなたはこうだ」「あなたの考えは変わっている」といった、**相手の価値観をそのまま受け入れてしまい、混乱することが苦しい、困ったの原因**なのです。

　実は人に自分の考えを押し付ける、その人自身もまた「偏った」考えを持っている可能性は高いのです。アンバランスではない人のほうが少ないんだと割り切った考えをすることも必要でしょう。

　つまり「他人と自分は違う」ということです。相手が誰であろうと、他人の言葉は単純に「自分以外の人」の人のその場限りの「息」みたいなものだとスルーしてみましょう。

　その一方で、人の言葉の裏にあるものを読み取れないまま、相手の言葉を信じてしまうことがあります。

　第1章のケース④で挙げたD子さんの例です。

従順で相手の言うことに従うので、大人しくいい子だと言われて育ってきた人に多いケースです。

積極的な相手に対しては「自分はこの人に好かれている」と感じ、言われるままに行動したり、自分への評価をそのまま信じてしまいます。「あの人は嫌な人だ」という他人への非難もそのまま受け入れてしまうため、大事な人を避けたり、交流を断ってしまうこともあります。

女性に限らず男性にもこのタイプは見られ、積極的に相手に迫られると断り切れず、あとでストレスを感じることもあります。

誘われたら、まずこの人と本当に話がしたいのか、一緒にいたいのかと自分の気持ちを確かめてみましょう。そして、断るときにはきっぱりと。多少、相手に失礼になってもＯＫです。もし相手が本当にあなたのことを好きだったり、考えてくれる人であれば、あなたの態度を理解してくれるはずです。

対処法④　わずかな汚れが気になる。すべて捨てたくなることがある

神経症的な症状ではありますが、ＨＳＰにもみられる症状です。一度目に入ると、その映像が目（脳）に焼き付いたまま離れなくなる視覚優位の傾向があります。

汚れだけでなく、それがカラフルなものだったりすると、それらが脳に反応してすべてを捨てたくなることもあるでしょう。

自分が視覚優位の傾向があるとわかったら、その優位を生かして、美しいもの、心休まる景色、好きな絵画や森などの自然の風景を思い浮かべましょう。美しい景色などで脳を塗り替えるのです。

これは音や匂いなどでも同じです。嫌な音からは逃げて、気持ちのいい音楽や癒しの音を脳内に流すのです。五感が敏感な人は、それらに関しての記憶力も高いので、美しいもの、気持ちのいいものに数多く接していれば、それを思い出すことにそれほど困難はないのです。

対処法⑤ 思ったことをすぐに口にするので、人間関係のトラブルが多い

思ったことをすぐに口に出す傾向のある人は、頭に浮かんだ言葉を口にすることで相手がどんな気持ちになるか、あるいはどういう状況になるのか予測ができないわけですね。

「今日の洋服はあなたに似合わないわね」「ちょっと最近太った？」「老けたんじゃない？」などと気軽に口にするのは、「似合わない」「太った」「老けた」という言葉が「ネガティブ用語」で、たいていの人が言われたくない言葉であることがわからないのです。

男性の中には、一方的に相手を否定してしまう「モラハラ」的な傾向が強い人がいます。社会的な地位の高い人のなかには、自分の「モラハラ言葉・要素」に気づかない人も多く、職場で問題となって初めて自分の傾向に気づく人もいます。

高い地位になるほど、自分の傾向をつかむことは大きなリスクヘッジになりますが、女性の中には「思ったことをすぐ口にするのはよくない」という社会的なプレッシャー

も強いため、ストレスを感じる人もいます。

しかし、自分がそれに気づいている、あるいは気づく機会があった、そしてそれによって困っていると感じているあなたは、すでにそれを克服しようとする途上にあります。

頭に浮かんだことを一度反芻してみる、それを口にすることでどんなことが起きるのかを想像してみる。そういった脳内シミュレーションを繰り返すことは、より慎重な自分を作るレッスンになります。

社会的なネガティブワード「太っている」「痩せすぎよ」などの人の身体に関する言葉をはじめ「バカじゃないの」「ダメな人ね」「老けてみえるね」「絶対に許さないから」といった、相手を不愉快にさせる言葉を「自分トリセツ」ノートに書いて、これら言葉が頭に浮かんでも口には出さない、要注意用語として覚えておくのもよいでしょう。

自分では悪意がない、悪い意味で使うわけではないと思っても、相手がそう思う可能性は低いのです。

対処法⑥ 頭のなかにいろんな感情が溢れ、休まることがない

ADHD（多動症障害）ではなくてもHSPにもよくある傾向です。現代人の多くはこの傾向があるといっても過言ではありません。スマホ、次々と変化していくテレビ画面、人混み、スピードが求められる現代では、仕事や家庭でも次々とやるべきことが出てきますから、せわしない人が増えるのは当然なのです。

私自身、他人との比較や羨望によって、一時は何を見ても、またどんな人と会っても、「この人はこんな点が優れている、それに引き換え自分は……」と頭のなかがマイナス思考で溢れんばかりでした。

こうした負のサークルにハマってしまうと、その輪から抜け出そうとすればするほど、もっとネガティブなことを考えるようになってしまいます。

ネットは必要なとき以外は見ない、眠る2時間前以降には開かない、テレビはなるべく見ないなど、情報を意識的に遮断することが必要です。

何より効果があるのは、「ぼんやりタイム」を作ることです。瞑想やマインドフルネスも有効ですが、それ以上に簡単で効果があるのが「ぼんやりすること」です。詳しくは第6章に記しますので、参考にしてください。

対処法⑦　高学歴なのに自己肯定感が持てない

不思議なことにこういう人は多いのですね。私自身、最高の学歴とは言いませんが、有名私立大学の医学部を出てアメリカに留学と、学歴でいえば特に劣等感を持つ必要はないじゃないですかと言われたことも何度かあります。

しかし、こういう人は人と比較しやすいのです。

彼らは今の社会では競争に勝ち抜いてきた。つまり常に「自分が他人より優れている」として生きてきた人です。それゆえ、自分より優れた人が出てくると「自分はダメだ」と劣等意識を持ってしまうのです。

周囲が「高い」と自分の位置は低く見えるのです。

劣等感とは、「これが自分の劣等感だ」と自分で決める、思い込むものです。かなり背が低くても劣等感を持たない人がいる一方で、特に低いわけでもないのに劣等感を持つ人がいるのです。

「比較」にはキリがありません。自分にないものを探して自分を貶《おとし》めるより、今、自分が何を持っているかを再確認しましょう。

フランスの有名な哲学者レヴィ＝ストロースは「ブリコラージュ」という生き延びるための方法を提唱しています。「ブリコラージュ」とは、寄せ集め、修繕という意味。

つまり、いま手元にあるものを使って何かを作る、ということです。

自分がいま持っているもの、手元にあるものがどんなに貧弱であろうと、そこから始める。持っていないものに憧れたり羨望して、自分を壊していくより、手元にある材料を使って自分がどこまで行けるかを試してみてはいかがでしょうか。

対処法⑧ 何事にもビクッとしやすく、気が小さいと言われる

「気が小さい」と言われて気に病むのは、「気が強い」「気が大きい」ほうがタフで良いとされているからです。この価値観に左右される人は多く、子どもの頃に「男なのに泣くな！」と言われたりして心が委縮していく人は多いのです。

なぜ「気が強い」ことが良いとされるのか。それは競争社会では「気が強い」ほうが相手に対する威嚇効果で優位に立てるとされるからです。サル社会などまさにそうですね。

しかし、では「優位に立つ」ことでどんな良いことがあるのでしょうか。

人と比較して一時的に優位に立てたとしても、その後の人生の流れのなかでそれが続くとは限りませんし、一度優位に立った人は、少しでも立ち位置が変わると「自分はダ

メだ」と思ってしまう傾向があります。

つまり「強く見えている」彼らもまた弱いのです。

でも、弱くていいのです。

弱さは武器にもなるのです。繊細であるがゆえに、ものの本質を深く理解できるのです。

かつてビートたけしさんは「強さとは鈍感さだと思う」と言っていました。鈍感だからできることもありますが、弱さを持った人は、繊細さを生かしてそれ以上にできることが数多くあります。強さが鈍感さだとすれば、弱さは鋭敏さでもあるのですから。

あなた自身の弱さと同時に周りの、特に子どもの弱さを認めてみましょう。特に男の子の中にはこの世界の「強い者が勝つ」神話に押しつぶされてしまう場合もあるのです。

対処法⑨ 雑事が不得意で細かいミスが多い

このタイプには、主に次の3タイプの人がいます。

① 子どもの頃から雑事は親や周りの人がやってくれた。
② 雑事にはあまり価値がないと思わされて育ってきた。
③ 病的に片付けや料理などの細かいことができない。

どのタイプの人も「雑事が苦手」なことに今困っているということは、雑事を「やらなくてはいけない」「やらなければ前に進めない」状態に陥っているわけですね。

まずは基本的なことをじっくり、ゆっくり、やることから始めてみましょう。仕事に関する雑事は得意、不得意を分けてみます。

得意なことは放っておいてもできるわけですから、不得意な分野で、どうしてもやらなければ前に進めないことは何かを考えてみます。

デスク周りの整理、上司への報告、日誌……。

これまでどんなミスが多かったかを思い出し（電話での応対、コピーの取り忘れ、上司への報告など）、ミスが重なるようなら、「電話での応対は苦手なので」など周りの人に応援してもらう。上司への報告には「報・連・相」（ほうれんそう）に気を付け、必要なことはいつも見える場所に書いておいたり、「苦手なことがあれば相談」してアドバイスをもらえるようにします。

電話が苦手な人でも、今はスマホやパソコンという便利なものがあります。ラインやメールなどでとりあえず「報・連・相」をしておく。場所や所要時間の確認、行き先のイメージをあらかじめ見ておく。メモやアラーム機能などを使うことで苦手を軽減することもできるのではないでしょうか。

第3章まとめ

★さまざまな症状は性格や精神力のせいではなく、脳内機能＝ホルモンの不足と過剰のせいと割り切る。

★人によって症状はいろいろなので、一番大切なのは「自分」の脳のクセや傾向を知ること。紙に書きだすなどして「見える化＝視覚化」するのが有効。

★自分のトリセツ。周りの人のトリセツを作る。

★人とのコミュニケーションに困ったら、「ありがとう」「お先に失礼します」「申し訳ありません」のマニュアル用語で切り抜ける。

★「太っているね」「老けたね」「バカじゃないの」「ダメな人ね」などのネガティブ用語は口にしない。

★雑談に困ったら相槌と相手の言葉を繰り返す。

第4章

「人と違っている」ことが素晴らしいのです

――HSP・発達障害は才能の宝庫

他人と違っているからこそ輝ける

いま世界中から注目を集めているスウェーデンの16歳の少女、グレタ・トゥーンベリさん。彼女はたった一人で地球温暖化に取り組みはじめ、今では国連に招かれ大人たちに警告を発しています。

グレタさんは自らを「アスペルガー症候群」であると公言し、その症状を「スーパーパワー」と呼んでいます。

一人でストライキを始め、公共の場で大人たちに向けて強烈なスピーチをするなど、その行動力は確かにスーパーパワーです。

発達障害やＨＳＰは、そのエネルギーの出口を見つけるとてつもないパワーを発揮するのです。

この章では、発達障害やＨＳＰ、グレーゾーンの方も含め、その優れた面、それもとてつもなく優れた面があることを取り上げていきます。

天才型のアスペルガー症候群。スーパーパワーの持ち主たち

「この世界は発達障害の人たちがつくった」という人がいます。

彼らは好きなことをとことんやり続ける能力をもち、アイデアが次々と湧き出てくる。既存の常識にもとらわれないため、各方面でイノベーションを起こしてきたのです。

誰もが知る天才物理学者アルベルト・アインシュタインは「ものを覚えることがとても苦手で注意力に欠け、他人には無関心」な傾向を持っていました。５歳過ぎまでほとんどしゃべれず、学校生活にも馴染めず、自分の家の電話番号も覚えていなかったと言われています。

「自宅の電話番号も覚えていないの?」と言われると、「調べられるものをいちいち覚える必要はない」と言っていたそうです。

確かに自宅の電話番号より大事なことはたくさんあります。実際、アインシュタインが興味のあることに取り組むときの集中力はものすごいもので、有名な「相対性理論」を確立するに至りました。

それまでの科学の常識や既成概念にとらわれなかったからこその発見で、相対性理論以前と以後では、物理学はもとより世界観、宇宙観がすっかり変わってしまったと言われるほどの偉業を成し遂げたのです。

音楽史史上最高の天才とも言われるヴォルフガング・アマデウス・モーツァルト。この人もまたアスペルガー症候群であるとともにＡＤＨＤ（注意欠陥多動症）でもあったと言われます。

おしゃべりで軽率、辛辣（思ったことをすぐ口にする）、手足は常に忙しく動いていたといい、演奏中にピアノから飛び上がりオーケストラのなかに飛び込んだとの逸話も残っています。

エネルギッシュで独創性、直観力に優れ、音楽については粘り強く、勤勉で不屈な取り組み方をして数々の名曲を残しました。

代表作『ひまわり』などで、それまでどんな画家も使うことのなかった色使いを見せた天才画家フィンセント・ヴィレム・ファン・ゴッホも発達障害の仲間でしょう。

穏やかで調和的という、普通の人たちが望むような日常に満足できなかった彼は、周りの人たちとの口論が絶えなかったと言います。

牧師、フランス語教師などいくつかの職業を経験したあと、26歳で画家になる決意をしたゴッホは絵に取りつかれ、短い期間に膨大な、そして偉大な作品を次々と残しました。「健康の維持など問題ではない」と熱に浮かされたように絵を描きつづけたことはよく知られています。

作家で知られているのは『シャーロックホームズ』シリーズでおなじみの作家コナン・ドイルです。

もともとは医師だった彼は、小説の中で「１４０種類のパイプ煙草や葉巻、紙巻タバコの灰に関する論文」をものにしたことをホームズに語らせていますが、そうしたこだわりはドイル自身のもので、この細かいことにこだわる傾向を生かして作家になり大成功を収めたのです。

並みの人が見逃してしまう細部への関心、日常的な感情や習慣。加えて常識に曇らされない観察眼、記憶力、推理力が加わり次々と事件を解決していきます。

シャーロック・ホームズ小説の面白さは、ディテールにこそありますから、彼がアスペルガーでなかったら、これらの小説は人からは振り向きもされない凡庸なものになっていたでしょう

さらには、女優、司会者、エッセイストとマルチタレントの走りとも言える黒柳徹子さん。

子どもの頃から「衝動的で落ち着きがなく」、たとえば教室からチンドン屋が見えたら出ていったり、知りたいことがあると先生を待ち伏せして質問攻めにしたりと、これはむしろいいことだと思うのですが、当時の先生は煩わしく感じたのでしょうか。困った先生は「お宅のお嬢さんがいるとクラスの迷惑になります」と3カ月で退学になってしまいました。

それで黒柳さんは、トモエ学園という学校に通うことになります。この学校での自由な空気のおかげで徹子さんはのびのびと毎日を送ることができるようになり、「困った」とされていたことを「かけがえのない個性」の輝きに変えることができたのです。

このエピソードは、アンバランス、偏りは環境によって欠点から長所、輝きを持った

個性に変わることを象徴的に示しているケースだと思います。

脳科学者の茂木健一郎さんは、小学校の初日から椅子に座っていることができない（多動性）子どもだったそうです。大人になっても会議や資料の存在意味がわからず（雑事が苦手）、人の言葉も、自分の興味のあること以外は覚えていないと言っています。

彼は「障害はその他の能力で補えれば問題がない」と述べています。

作家の市川拓司さんは「偏りこそがぼくの個性、そう認めた瞬間、人生が輝き始めた」とその著書で書いています。

「人間関係を築くノウハウが欠けているとしても、そのことで観察力、小説や架空の物語、またはそのほかの創造的な文学形式で人間関係を描写する能力が疎外されることはない」と語っています。

そして、前述したグレタ・トゥーンベリさん。彼女は8歳のときに気候変動について知り、ではなぜ対策が行われないのか理解に苦しみ、落ち込みました。

それが原因で無気力になり、食事をしない症状が続き、最終的にアスペルガー症候群、強迫性障害と診断されたという経緯があります。その診断が「以前は私を縛っていた」と認めながら、現在ではアスペルガーを病気とみなさず「スーパーパワー」と呼んでいるのは述べた通りです。

私は、彼女はまた選ばれたＨＳＰの一人でもあると思っています。

なぜなら、人類の危機を素早く察知し、多くの人に警告を出している「炭鉱のカナリア」の役目を果たしているからです。

現在のアメリカ大統領、ドナルド・トランプもアスペルガーではないかと言われています。彼に関しては好き嫌いや評価はいろいろあると思いますが、ビジネスで成功し、大統領にまで上り詰めたのは間違いのない事実です。

つまり方向さえ定まれば、発達障害の人たちは、すごいパワーを発揮するのです。

ＨＳＰの繊細さは素晴らしいものを生む

では、ＨＳＰと思われる人たちはどんな人たちでしょうか。

ＨＳＰは病気ではありませんし、むしろ優れた気質の持ち主、選ばれし人だと私は思っているので、推測で名前を挙げるのをお許しいただきたいのですが、たとえば、シンガーソングライターの宇多田ヒカルさんや作家の又吉直樹さん、村上春樹さんがいます。

村上春樹さんの小説には、この傾向を持った人たちが大勢出てきます。

「ここには私たちのほかに誰か（何か）がいるわ。それを感じる」（『ダンス・ダンス・ダンス』講談社）といったように超常現象に敏感だったり、ディテールへの興味関心が強い。そして、いつもびくびくしていたり……。ほとんどの登場人物はこのような傾向の持ち主といっても過言ではありません。

『変身』などで知られる20世紀の偉大な作家の一人、フランツ・カフカなどは典型的なＨＳＰだと思います。

彼は普通の人が無視したり見ないようにしている自分の弱さをとことん感じることで、作品をものにしてきました。鈍感な人がまだ安全だと思っている場所に危なさを感じ、それを作品のなかで描いていったのです。

もちろん、ここに挙げた人たちはほんの一例にすぎません。多くの才能ある人たちがHSPの傾向を持っているというか、「繊細さ」や『弱さへの共感」がなければ、芸術など表現の分野で成功するのは難しいのではないでしょうか。

私自身、長い間、周囲の人の言動や顔色に振り回され、常に他人を気にしながら生きてきました。人と自分の境界線が薄いだけではなく、過去と現在の境界線も薄いため、突然過去の行為が激しい後悔となって襲いかかり、眠れないほどの羞恥と苦しさに苛まれることもたびたびでした。

HSPの二次症状とも言うべき「うつ病」にも長年苦しんできました。

「どうして自分だけが、こんな苦しみに苛まれなくてはならないんだ」と何かを恨む気持ちを抱いたことは何度もあります。

自分以外の人間は悩みなど持っていないように見え、実際、同僚のなかには「怖いものなんかない」「メソメソしている情けないヤツがいる」などの言葉をおおっぴらに口にする人もいましたから、それを私自身への当てつけと感じ、ますます自己嫌悪に陥っていくという悪循環の日々を過ごしていたのです。

ところがあるとき、「あなたのように苦しみを持っている人はほかの人の気持ちもよくわかるはずだ。悩みのない人はほかの人の苦しみがわからない。でも、実際に悩みのない人、苦しみのない人がいるんだろうか」と、人から言われたことでハッとしました。

　自分の苦しみや悩みは意味のないことではない。悩みを抱えて苦しんでいるのは、それをどうにかコントロールしようともがいているからで、多かれ少なかれ、皆悩んでいるのなら、私の経験が人の苦しみや悩みを少しでも和らげることに役立つかもしれないと思えた。実際、その現実的な表れとして、こうして本まで書かせていただくことができるようになったのです。

　多くの作家や芸術家は世に出るまでに、あるいは世に出てからも、私と同じ、いやそれ以上の症状に悩まされながら、それをコントロールしつつ活動を続けているのでしょう。

　一見悩みなどないように見える人、あなたが羨ましく感じている人も悩みと苦しみのなかで戦っている人は多いのです。

「他人と違う自分」であることの偉大な長所

自らをアスペルガー症候群やＡＤＨＤやＨＳＰとは気づかないまま、素晴らしい業績を残す人がいます。

一方、自分はアスペルガー、ＡＤＨＤ、あるいはＨＳＰであると気づき、その症状に翻弄されながらも、それをコントロールする術を見つけ、自らの傾向を長所に変えることで、やはり偉大なことを成し遂げた人たちもいます。

要は、今抱えている「困った」が長所になる道、かけがえのない自分が持っているクセや傾向を生かせる道を探せばいいのです。

これから述べるのは他人と異なる感じ、人間関係や片付けなど、毎日の生活の一つひとつに躓《つまず》いている人たちが、どうしたら能力を発揮できるかという提言です。

第3章で具体的に述べましたが、発達障害の難しいところは、症状が人によって違う、ときには正反対の症状を示すことです。

たとえば周りに一目置かれている特技を持っている人のなかには、敬遠されながらもいじめには無関係にやっていける人がいる反面、いじめのターゲットにされやすい人もいます。

敏感なＨＳＰタイプもいれば、特に敏感性はない人もいます。グレーゾーンの人たちは、発達障害やＨＳＰの顕著な症状がないのに、それらが混ざり合っているためにまた固有の困り事を抱えています。

しかし、そうした**自分自身のクセや傾向が何であれ、それは決して「困ったこと」ではなく、それが武器となって良い方向に進む無限の可能性がある**ことをまず知っておきましょう。

「他人への無関心」が強みになる

親の社会的地位が高い家で育った子どもが、進学して有名校に入った後に挫折し、引きこもりになったり、事件を起こすようなケースが取り上げられています。

息子を殺めてしまった農水省の事務次官には私も会ったことがありますが、東大法学部を出たエリート官僚。その息子は有名な受験校に入ったのですが、そこでさらなる俊英に出会い、劣等感を持った可能性はあります。

長くいじめに遭っていたという報道もありますから、この事件の原因が親への劣等感だったかどうかはわかりませんが、デキのいい親や兄弟に対する劣等感が悲劇を生むケースはよくあります。

大阪の交番で警官を刺した男性の親は、テレビ局の重役でした。山形の女医殺人事件の犯人は山形大学の学生で医師の息子でしたが、医学部に入れませんでした。

両親が医師で医師になれず、うつ病になってしまった例とか弁護士の息子で落ちこぼれて引きこもりになった例など枚挙にいとまがありません。

中学までは極めて真面目で成績もよく、クラスの人気者だったという少年が高校で落伍していく例もあります。性格に偏りがあってコミュニケーションがうまくいかない場合には、少し成績が悪くなるといじめに遭い、学校が苦手になるケースも多々あります。

いずれの事件も本当の原因はよくわかりませんが、その根底に「他人との比較」から生まれる「自分へのダメ出し」のようなものがあるような気がします。

その視点で言うと、発達障害の中には他人への関心が薄いケースもあり、そうした人だと他人と比較すること自体が少ないですから、他人より劣っていると自分を責めて落伍することは少ないようです。

このことは非常に大事で、**他人とのコミュニケーションが悪いことが救いになることがある**のです。

彼らは世間一般にいう「権威」にも左右されません。ただしそれは、「反権力」とか「威張る人が嫌い」といった思想や好き嫌いによるものではありません。

彼らは権威のある人の影響を受けないのではなく、どんな人の影響も受けない。つまり他人はどうでもいい。その他人のなかに「権威のある人」も入っているだけなのです。

そのためにいじめに遭うこともありますが、それを超えて「好きなこと」に熱中できれば、他人の自分への評価、悪口は無視できる、というか自然にスルーしているのです。

一方、ＨＳＰは権威のある人、人からエネルギーを奪う「エネルギーバンパイア」なる人に敏感に反応し、最初こそ彼らに振り回され体調を崩すこともありますが、それがわかれば自分を振り回す人たちを避けて通ります。

島国で村社会的な構造を持つ日本は、「他人がどう思うか」「世間がどう見るか」が個人の言動を規制したり左右する判断基準になっている国です。

つまり自分と他人を比較したり、比較されたりするのが普通の環境ですから、真面目で従順な子どもほど落伍し、引きこもりになるのです。多少、他人の言動に無関心でいるのは、現代ではむしろ必要な知恵になってきたようです。

常識に縛られないことが、夢を実現する粘り強さを生む

子どもの頃に夢見たことを多くの人は諦めてしまいます。育っていく過程のなかで、「そんな夢は実現するはずがない」「そんな大それた夢みたいなこと考えないで」と言われたり、自分でもそう思ったりして、夢を捨ててしまう。

「いや、そんなことはないよ」と思える人は、「常識」という縛りから自由な人でしょう。夢を実現した人の多くは、「そんな夢は実現できるはずがない」という大人たちのある意味、賢明な忠告を無視できた人です。

しかし、だからといって、そうした人の意志が特別に強固だったとは思いません。お

そらく、そうした人たちの多くは、自分の好きなことにただただ熱中していただけなのではないでしょうか。

漫画家、作家、映画監督、俳優、画家……。そうした夢を叶えた人たちの多くは、「自分には才能があるのだろうか」と悩んだりもしなかったはずです。ただ自分のなかにあるパワーやエネルギーが求めるものを、求めるままにやっていただけだと思うのです。

世間的にはどんなに可能性や確率が低いことでも、そんなことを考えてもみない。常識がないからこそ実現できることがあるのです。

迷いがないからこそ、何年、何十年と同じことをやり続けられる粘りが生まれる。それがないと成し遂げられないことがある。気づいたときにはすでにやっていた。迷う暇などなかった。そんな人たちが夢をつかんでいるのです。

それをやれるのが、「空気が読めない」がゆえに世間の常識にとらわれない発達障害の人だったりする。こういうことが**他人と違う「困ったこと」を強みに変える**ということではないでしょうか。

大谷翔平や石川遼はどこにでもいる

私たちは常に競争にさらされています。高校で落伍しないで一流大学に入っても、そこにも自分より優秀と思える人はいつでもいます。

私自信も世間的な基準で見れば優秀な子どもの部類だったかもしれませんが、自分で頭がいいと思ったこともなければ、器用さも持ち合わせていませんでした。

大学の医学部に入ってからも、おそらく自分より優秀な人の方が多かったと思いますが、自分の性格をどうするか、どこに生きがいを求めるかなど、自分のことで精一杯で他人と自分を比較するなどという余裕はありませんでした。

しかし、多くの子どもは自分より優秀な同級生に出会うと、とてもかなわないと恐怖心をいだき、不安になり、ときに不登校になったり、引きこもったりするようになります。

このような人に言いたいのは、「どの社会にでも大谷翔平や石川遼はいる」ということです。

自分より明らかに優れている人がいるとき、彼ら彼女らと同じことをしていてはとてもかないません。その人たちがやらないこと、できないことで自分が他人よりできることはないかということを探すのが自分を輝かせることにつながります。

大相撲で大人気の炎鵬などを見ていると、素晴らしいですね。あのように小柄の力士は、自分より大きい力士ばかりの社会に入ったら、大きい力士たちにはできない、自分だけの取り口を開発して対抗するしかない。それを見事にやってのけているのです。

仕事でも、特別優秀でもないのに目立った業績を上げる人というのは、他人が気づかない方向に活路を見出すことができた人です。

性格に特別な偏りや傾向を持っている人は、他人が気づかないことに気づいたり、物事のディテールに興味、関心が向くことが多い。そんな人は、いま、自分の興味の向いている方向が他人と違っていることに悩まないでください。

むしろ、他人と違うからこそ、そこに活路があるのだと考えてみてください。

新奇追及型の人は既成概念に捉われず、新しいものに惹かれるのでアイデアに優れ、イノベーションを起こす可能性が高いのです。

株式投資の有名な格言に「人の行く裏に道あり花の山」とあります。多くの人が歩かない裏道にこそ、美しい花が咲いている。

私自身のことを考えると、大学からアメリカに留学した頃までは、人と比較する余裕もなかったことが非常によかったと思っています。その後、病院に勤めるようになってから他人と比較してダメな自分をなんとかしようと苦しみ、一時はうつになったりもしましたが、そんなことがどれだけ無意味なことだったかと、今ではわかります。

同じ言葉でも、自分と相手の受け取り方は違うと知る

発達障害の性格を持った人は、何を言ったら相手が傷つくか、嫌がるかということがわかりづらい（空気が読めない）傾向にありますから、全く意図しない言葉によって相手に嫌な思いをさせてしまうことがあります。

浜松医大の教授になってからも、私が発言したことに同僚が怒りだし、困ったことが何度もあります。

私のほうに不適切な発言があったと私自身が理解していて、それを相手が怒っているのなら謝ることもできます。しかし、多くの場合、相手がどうして怒ったのか、どうし

ても理解できないのです。ですから、わけもわからず相手が怒りだしたという印象をもちます。

あるとき、内科の教授夫妻と食事をしていたら、突然、旦那のほうが怒り出したことがありましたが、私はあっけにとられるしかありませんでした。

また、ある委員会で私の学長への発言が怒りを買ったことがありました。そのときも怒りの理由がわからなかった私は唖然としたのですが、そのとき別の教授が「ああそうか、わかった」と言ったのです。

どういうことかというと、彼も私の発言に怒りを感じて我慢したことがあって、それを思い出して、そのときの学長と私のやり取りにピンときたようなのです。

つまり、私の真意とは違う意味を同じ言葉から受け取って相手は誤解し、怒っている。それが自分の経験からわかったと言うのです。

同じ言葉でも、私が言った意味合いと相手が受け取った意味合いは違うことがあります。時には正反対になることもあります。同じ言葉を使っても、相手によって善意にもネガティブにも取られる可能性があるのです。

私に偏りがあるように、相手にも偏りがある。同時に、相手への好意の度合いなどによっても、そういうことが起こるのです。
「偏り」というのは、発達障害や敏感体質でなくても誰にでもあるもので、それは劣等感、思い込み、偏見、育ちなどの環境によっても変わってきます。それを理解していれば、相手が自分の発言をどう感じるかは、相手に任せるしかないと開き直ることもできます。

また「相性」の問題もあります。

ある人が自分に好意を持ってくれていたとしても、その好意もまた相手の「偏り」から出ている。「気が合う」とか「好意を持つ」というのは、お互いの偏り具合が近いということなのかもしれません。

では、自分と偏り具合が近いかどうかわからない人、親しくない人などにはどうしたらいいでしょうか。

相手のことがある程度わかるまで、マニュアル的な用語や無難な言葉で対応することを心掛けるのがいいでしょう。好かれる、嫌われるは非常に微妙で繊細な問題ですから、発達障害やＨＳＰのように人間関係が苦手な人は、あえてその領域に入りこまないことが有効な手だと私は考えます。

「時間をかけてできればいい」と考える

現代はスピード社会、「早くできる」ことに価値を置いている時代です。

「早くして」「急いで」「ぐずぐずしないで」……こんな言葉が社会だけでなく、家庭でも飛び交っています。

自分が出したメールにすぐに返事が来ないと不安になる。ネット検索で見たいページが出てくるのに時間がかかったり、注文した料理がなかなか出てこないとイライラする。

子どもの成長に関することも、「○歳なのにこれができたなんて、すごい！」と喜んだり、逆に「○歳なのにまだこれができない」と不安になる親も多い。

しかし一方では、「スローライフ」といった急がず、ゆったり生きることを豊かさの指標として捉える人も増えています。落ち着いて、ゆっくり行動することがステイタスともなっているのです。

多くの賢明な人たちは気づきはじめています。

ゆっくり丁寧にやるほうが、結局は本当に自分の身に付く。あとで役に立つと。やりたいことがあって、それを成し遂げたいなら、ゆっくり丁寧に。

人からの好意や信頼も同じです。

職場の人間関係においても、周りの人にゆっくりと時間をかけてあなたという人を理解してもらえばいいのです。何人かの人が自分への好意や信頼を抱いてくれるようになれば、あなたの仕事の能力がどうであろうと、それ以上に貴重な能力、大事なものをあなたは持っていると、認めてくれる人は必ずいます。

ＨＳＰや発達障害の人には、「あの人はこれをやる能力はあるけど、あの言い方はないよね」とか「もう少し周りの人に気を遣ってもらいたいよね」と囁かれ、敬遠されてきた人が多いと思います。

私自身もかつてはそうだったと思います。しかし、時間はかかりましたが、私という人間を理解してくれる人が少しずつ増えてきたのを感じるようになりました。最近では仕事も順調で、長年教えてきた浜松医大の教え子と共同研究をしています。彼らは私の言動を善意に判断してくれますから、何を言っても大丈夫という感じです。

相手に嫌な印象を与えるような発言をしてしまうことは今でもありますが、「この先生がそんなことを思うはずがない」と解釈してくれるのです。周りの人に自分をわかってもらえれば、多少の言葉遣いや表向きの態度は割り引いてくれるということです。

そうなるためには、相手任せではなく、自分はこういう傾向があると、事あるごとに説明しておく努力も必要です。

「ああいう素っ気ないしゃべり方をするけど、本当は繊細で優しい人なんだよね」とか「周りに気を遣わないのは、そんな理由からなんだね」と、時間をかければ評価は変わっていくものです。

「あの人は、こんな人。悪意があるわけではない」と認識してもらえるよう、自分の傾向やクセを機会あるごとに説明していきましょう。

それでも理解や好意を得られない人もいるでしょう。しかし、ＨＳＰや発達障害に限らず、万人に好かれる人など一人もいません。そういう人はあなたの人生には関係のない人だと割り切ればいいのです。

「悪意をもたない」「嫌なことは忘れる」特技がある

先の話とつながりますが、万が一相手を傷つけるような発言をしてしまっても、そこに悪意が存在しなければ、必ずわかってもらえると信じましょう。

そもそもＨＳＰにしても発達障害にしても、そもそも**「人を傷つける悪意」など持たない。というより、持てない人のほうが多い**のです。

ひと言でいえば純粋。ピュアな人が多いのです。

そのあなたのピュアさがある限り、最初は「こんな人がいるのね」と驚かれたとしても、いつかは相手に伝わります。

つまり、たまたま相手に嫌な思いをさせるような発言や行動をしてしまっても、本当に相手に悪意をぶつけたのでなければ、次第にわかってもらえる。「あの人は、ああいうことを言う人だけど、悪気はない」と思ってもらえるようになるということです。

それに加えてＨＳＰや発達障害の人には、相手からされた嫌なこともすぐに忘れる傾向がある人も一定数います。

「私、嫌なことは忘れる特技があるの」という人がいますが、彼らは特技など使わなくてもすぐに忘れてしまうので、相手への感情のわだかまり、恨みといった感情を持てないのです。

しかしそれとは逆のタイプ、記憶力が良すぎてどんなことも頭から離れない傾向の人もいます。目の前に起こった印象的な出来事が映像となって脳内スクリーンに繰り返し写しだされる。ですから、そういうタイプの人は子どもの頃から成績がよく、映像や絵画の方面で優れた才能を発揮している人が少なくありません。

いずれにせよ、悪意を（善意も）持たず、ニュートラルな感情のままに生きていける人たち。それは、私には「悟りの境地」のように思えてきます。

ＨＳＰ傾向のある私は、周りの人の言動に右往左往してきたからです。

ブッダは「苦を恐れるもの悪をなすなかれ。悪をなすものは必ず苦しむ」と言っています。

円覚寺の元管長の古川尭道老師は「若い時に不陰徳（人を貶めようとしたりする）をした人の晩年はかならず悪い」と言っています。

私もこれを信じていて、他人の不幸を望んだり、他人の足を引っ張ったりしないようにしています。前述したように、ときに相手を傷つけるような発言をしてしまうこともありますが、決して悪意はありません。

私にはそういう偏りがあることを、できるだけ人にわかってもらうようにしてきたせいか、最近では、向こうが善意にとってくれるようになったのです。

時代が変わると性格、傾向の価値も変わる

話は飛びますが、長く続いた戦国時代が終わり、始まった江戸時代には、それまで戦うことにアイデンティティを託していた武士たちは、その存在意義を失いました。その反面、存在感を増してきたのは「強さ」より「書」や「文藝」「和算」といった方面に活路を見出した人たちでした。

それと同様のことが今起きています。

かつては動物や天敵に対してその「敏感さ」を有効に発揮した人たちも、敏感さの向かう先、対象が違ってきているのです。そのための混乱が起こり、心身の不調がきているのです。

日本には「同調圧力」という言葉があるように、異質なものを排除しようとする傾向が強い。島国で農業社会という要素に加えて、明治以来国民が一体となって、つまり均一性を高めることで先進国の仲間入りを果たしてきたことも、国や地域の共同体意識が

強いことの素地になっていると思います。

しかし今や世はグローバル化社会。異質なものと協調し、協力を仰がないことにはサバイバルできない社会になっています。

問題は、こういった社会の流れに現在の学校教育が追いついていないことです。学校ではいまだに、同調圧力が蔓延しています。そのなかで育った子どもが社会に出ると、いきなり個性が大事と言われて戸惑い、ストレスを感じることも社会の不安定化に拍車をかけているように思います。

情報は増殖する一方で、気の散っていない人を見つけるほうが難しい世の中です。あれがいいと言われればあっちに流れ、これがいいと知ればこっちに流れる。しかし、私たちの脳のシステムは身の回りの環境について理解することで精一杯で、1万年前とさほど変わっていないのです。

ですから、あれやこれやの情報（情報が増えた人間たち）の影響を受け、振り回されるＨＳＰ傾向の人が増えているのは当然のことかもしれません

しかし、そんな歴史的な流れ、大きな視点から眺めてみれば、**あなたが持て余している敏感気質の傾向は決して欠点などではなく、人類が生き延びるために欠かせない気質**

なのだということがわかります。

今という時代、その敏感さは動物や天敵ではなく同じ人間に向かっている。しかし、相手も同じ人間なので、相手から逃げることがなかなか困難で、苦しい状況が生まれている。「人に振り回される」というのは、こういう状態をいうのだと思います。

けれど、そんな自らの気質や傾向をかけがえのない個性とすることで様々な分野で活躍している人はどんどん増えています。それを知ることで勇気づけられ、その傾向を伸ばそうとしている人たちさえ現れています。

先ほどご紹介したように、それらの「繊細さ」や「弱さ」は今や芸術や表現の世界では必要不可欠な要素になっているからです。映画で言えば『アナと雪の女王』しかり『天気の子』しかり……例は枚挙に暇がありませんね。

「敏感さ」「弱さ」は、今こそ武器になる

日本では「家父長制」という制度が長く続き、そのため男は強くあらねばという考えに長く支配されてきました。

「男は泣くな」「男だろ」というような言葉が日常的に使われ、性格の弱さは男の致命的な欠点として捉えられてきました。今でもその傾向はあり、発達障害のなかの「ジャイアン型」は自らをそれほど困った存在だと考えられていません。そのやんちゃぶりを諫《いさ》めつつ、周りもそれを容認している感じがします。アメリカ映画でも「タフ」はスターの大事な要素になってきました。

しかし、この流れも徐々に変わりつつあります。

かつての売れっ子作家で今も読まれている人は非常に少ないのですが、そのなかで夏目漱石とともに今も若い人の間で人気なのは太宰治です。

彼らは自らの弱さ、繊細さを抉《えぐ》り出すことで多くの人の共感を得ていますが、その潮流は今後ますます強くなっていくことでしょう。原始の世界や戦時下では価値のあった「タフ」は、だんだん意味を失ってきているのです。

ですから、「弱さ」や「敏感さ」の気質や傾向をネガティブにとらえず、それが現実的にどんなプラスの結果を生んでいるかという実際面を考えるようにしましょう。

多様性を重視するアメリカ社会では、もはやＨＳＰや発達障害を「個性」として捉え、そういう人たちの才能や特徴に合わせた教育や活動の場が用意されています。

先ほどもふれましたが、20世紀でもっとも偉大な作家の一人と言われているカフカ。

HSPであったと思われる彼はこう記しています。

「ぼくは人生に必要なものを何ひとつ携えてこなかった。あるのはただ、一般的な人間的弱さだけ。弱さ—それは見方によっては巨大な力なのだが〜」（フランツ・カフカ『八つ折り判ノート』）

弱さがないと気づけないことは多い。

弱さこそ、彼のパワーの源だったのです。

人を前に進ませるのは、強さやポジティブな思考だけではありません。ネガティブ、弱さからも力を引き出せることをカフカは教えてくれています。

自らの弱さに苦しみながら、彼は自らの弱さを本当は誇っていたのです。「苦しみ」は世間に向けてのポーズだったのではないかと思えるほどです。

映画『レナードの朝』の原作者として知られるオリバー・サックスは、著書の中で障害を持った人を紹介していますが、そのなかで「自閉症スペクトラム」と診断された女性動物学者は言っています。

「もし、ぱちりと指をならすことで自閉症が消えるとしても私はそうはしないでしょう。なぜなら、そうしたら私が私でなくなってしまうからです。自閉症は私の一部なのです」

第4章まとめ

★今の世界を色どりで豊かなものにしてくれたのは、ＨＳＰや発達障害の人たち。

★自分の短所より長所に目を向けてみよう。

★ＨＳＰや発達障害の人はますます増えている。

★時代が変わると性格や傾向の持つ価値観も変わる。

★「弱さ」は今や大切な武器になりつつある。

第5章

「今の私のままでうまく生きる」

――そのためにすべきこと

自分の傾向やクセを知ることがスタートラインです

先の章で紹介したように、発達障害の人やＨＳＰは特殊な才能を持っている人が多いのです。

しかし、困ったことや苦しいことにエネルギーを使ってしまうため、その才能が気づかれないまま埋もれてしまうこともよくあります。ゴミに埋もれて見ることのできない宝石みたいなものです。

いらないゴミを、まずは捨ててしまいましょう。

そのためには、自分にとって何がゴミで何が宝であるかを知る必要があります。

一見ゴミと見紛《みまご》う「困った」のなかに宝が潜んでいるケースもあります。欠点と見える傾向も、見方や角度を変えてみると、長所になるからです。

ここで大切なのはあくまでも**「自分にとって」**ということです。「世間から見れば」といった「他人目線」の評価ではありません。言い方を換えれば、「常識」で判断する必要はないということです。

今あなたが「困った」と思っている自分のクセや傾向。それを「困った」と思っているのは、おそらく、それが周りの人、世間の人にとって迷惑だとか、良くないことだと思われるに違いないと感じているからでしょう。ほとんどの場合、「困る」のはあなたではなく、あなたが思い描く他人である場合が多いのです。

最終的には、そういう「常識フィルター」「他人フィルター」をはずしてみたときに、あなたの「困った」クセや傾向が実は宝であったということに気づいてほしいのです。


それではまず、自分のクセや傾向を理解しましょう。

先にもふれましたが、これを「自己認知」と言います。

第2章で挙げたクセや傾向を参考にしながら、自分にはどんな「困った」があるのかを理解していきます。

必要なら、それのクセや傾向を第3章の対処法でコントロールしていきましょう。

この一連の流れ「クセや傾向を知りコントロールできる」をいったん身に付けると、それはどんな場合にも応用できる強力な道具、武器になります。

習慣づけは長い目で見れば、豊かな実りをもたらします。

では、ある種のクセ、傾向、偏りを持った人はどんな職業に適しているのでしょうか。

この章でそれを紹介していきます。

私はＨＳＰと発達障害の両方の傾向を持っていた

私自身がＨＳＰ、発達障害の両方の可能性があるという話は前述しました。その二次障害として長い間うつ病に苦しめられたことも述べました。

そんな私が年をとった現在でも元気に生きていられるのは、私が医師という職業に就いたことが大きいと思います。

というのは、医師という職業には「科学的な客観性」「冷静な判断力」といったものが必要だからです。どのような現場であっても冷静に、一見冷たいように思われても距離をおいて判断する能力は医師に不可欠な要素です。

私は臨床ではなく研究のほうに進みましたが、これもＨＳＰ気質を持つ私には幸いしました。

「敏感気質」は相手に感情移入しやすいので、たとえば患者さんが動揺している場合などは、その患者さんに振り回される可能性が大いにあったと思います。それでは医師は務まりませんから、臨床医ではなく研究の方に進んだことが正解で、今の自分につながっていると思えるのです。

このように考えてみると、私は自分の敏感気質から、無意識のうちに自分が住みよい方向に向かっていたように思います。

しかし、これからの時代は私のように幸運に頼ることなく、より科学的な視点で自分の適性を探ることができる時代です。

過去の自分を分析してみる

自分の適性を知らないままにやみくもに仕事に就いたり、会社に就職すると、後々嫌な思いをしたり、「こんなはずではなかった」と後悔することになります。

ＨＳＰや発達障害に限らず、すべての人にとって、自分を知ることは非常に大切です。

このことは何度繰り返しても言い過ぎということはありません。

よりステイタスが高いとされている職業や会社に就くことが「スゴイ！」と称えられたり、自己満足につながったりするのは今も昔も同じです。ですから、特にＡＳＤ（アスペルガー）の人は能力が高く、集中力もあるので、よりステイタスの高い方をチョイスしてしまうことになりがちです。

高校、大学、企業を選ぶ際に、自分の興味、関心より偏差値の高いほうに進んだり、より給料の高い会社を選んだことで、後々ストレスを感じることになる人は少なくありません。どんな仕事に配置されてもまんべんなく力を発揮できる人（そういう人はいわゆる健常者のなかでも少ないとは思いますが）はいいのですが、得意・不得意の能力差が大きいと最初の仕事で躓き、それが後々傷となって残るケースもあります。

特に大企業では、最初からその人に特定の仕事を任せるというより、事務的な雑務、あるいは営業を経験させ、それを乗り越えて始めて希望の職種や職場に行けるというシステムになっているからです。

しかし、そうは言っても自分の得意・不得意を理解していなければ、最初からそれを希望することもできません、では、自分の得意・不得意を探るにはどうすればいいでしょうか。

まず、アルバイト経験がある人は、そのなかでどんな職種のどんな作業が得意、あるいは不得意だったかを思い出してみます。

接客は苦手、騒音のなかで頭が痛くなった、同時にやることが多く頭が混乱した、上司から叱られてパニックになった……それはどんな時だったか。

嫌な過去を思い出すと混乱したり、気分が悪くなる場合は、褒められたことや楽しかったことを思い出しましょう。

小さい子どもと遊んで楽しかった。静かな音楽のなかで作業がはかどった……できれば、作業内容を具体的に分析してみます。

人と接触したとき、Aさんは平気だったが、Bさんは苦手。Aさんは静かに落ち着いてよくわかるように説明してくれたが、Bさんは高圧的で怖かった、という風に。

とはいえ、自分を客観的に把握することが苦手という傾向が強い人も多い。目先の楽しさに目を奪われ、長期的なビジョンを描くことができず、努力もできない、する気もない、といった人もいます。

しかし、今現在、この本に興味を抱き、読んでいただいている人は、そんな自分をなんとかしたい、しなければと感じているからこそです。

得意・不得意を考えることが苦手な人も、好きなこと、嫌いなことはわかるはずです。

そこからやってみましょう。

発達アンバランス、グレーゾーン、ＨＳＰの人は、それぞれ症状が違うので、個別に、自分だけの得意・不得意レシピを作ることが大事です。

こうすればいいという一般的な答えより、自分だけの特別レシピを作りましょう。やり始める前は大変な作業に思えるかもしれませんが、一度これをやっておくと自分を知ることで自分軸ができるので、毎日の行動のなかで、おやっと感じたことが確認、修正でき、行動や思考が混乱しにくくなります。

やり始めると、これは案外面白いものですよ。

欠点を直すより、長所を伸ばす

私たちは自分の欠点を気にします。その欠点をどうにか直し、普通の人と同じように生きたいと思うからです。

欠点があるから他人とうまくいかず、軽蔑される。欠点を直せば普通の人と同じように人々も自分と付き合ってくれるだろうなどと考えます。

私も欠点の塊のような人間であり、友達もほとんどいなかったので、孤独な夜には、明るくて、運動が万能で皆に好かれているような友人を羨んだものです。

けれど、ある高校の先生が言っていました。「武道をやって欠点を克服しようとする人がいるけれど、それだけで3年経ってしまう。それより長所を伸ばすようにすれば、短所は消えてしまうのだ」と。

私の孫の一人は非常に活発で、ひと時もじっとしていない性格でした。明るくて、誰とでも仲良くできる性格だったので、親も誇りにしていて、家族のリーダーのような存在でした。

彼は潔癖で、正義感の強い性格だったので、いじめられている友達がいると自分より体の大きい子にも果敢に向かっていきました。

そんな彼でしたが、学校でＡＤＨＤと診断され、精神科の医師の診察を受けることになりました。それをやめさせたという話は前述しましたが、自分は異常かも知れないと知った彼は次第に自信を失い、平凡な少年になってしまったのです。

HSPの多くはアーティストの感性を持っている

敏感なＨＳＰ気質の人は音や、匂いといった五感がとても発達しています。人の気持ちに人一倍気づきやすいので、その特性を生かして音楽家、画家、作家といったアートの世界で名をなした人はたくさんいます。またミラーニューロンの発達によりモノマネがうまいので俳優などにも適性がある人は多いでしょう

人を真似することがうまいので、自分が「こうなりたい人」という憧れの人を見つけ、その人の考えや行動などを真似することで、そういう人に近づくことも普通の人よりは得意なはずです。

敏感な人に向いていると思われる職業には、たとえば次のようなものがあります。

芸術関係……俳優、声優、音楽家、画家、作家。

研究職……大学や独立法人など自分のペースで仕事を進められる環境がベスト。
占い師……スピリチュアルな特性が生かせて、自分のペースで仕事ができる。
美容師（美容関係）……手先が器用で細かい違いがわかる、相手の気持ちがわかる。
マッサージ関係……手先が器用で相手の気持ちがよくわかる。
歯科技工士・歯科衛生士……手先が器用。
翻訳者……言葉使いの些細な違いがわかる。
調理師……繊細な味覚を生かす。

会社に就職する場合は、広報や企画室などアートの要素が入っている部署だけではなく、数字に強い人なら経理や財務などの職場も適しています。
会社選びで大切なことは、その企業の持つ文化、社風です。毎朝朝礼で社訓を皆で唱える、上司の言葉は絶対といった体育会系的、マッチョ的文化を持つ企業は避けたほうが無難です。ですから、事前にどんな風土の会社なのかを社員に聞くとか、会社の評判がわかるネットの投稿サイトなどで調べるなどしてみましょう。

欠点は長所になる

どんな人にも言えることですが、欠点は場合や状況によって長所になります。長所を裏返すと欠点になったり、欠点を裏返すと長所に変わることもあるということです。

ＨＳＰと発達障害の人にありがちな欠点を長所に変えてみました。

HSP

気が弱い、シャイ↓繊細
人に振り回される↓人の気持ちがわかる。感受性が強い
人見知りする↓用心深い

発達障害

多動性↓エネルギッシュ、好奇心が旺盛
衝動性が強い↓反応が早い

過集中↓好きなこと、得意なことにはすごい集中力を発揮
社会性の無視↓新しいことを発見する才能がイノベーションを起こす可能性が高い
人の言葉が耳に入らない↓自分独自の価値観を持っている。独創性がある
気分変調が強い↓感受性が豊か
空気が読めない↓マイペースでことを進められる
文字情報に弱い↓視覚情報に強い

発達障害・グレーゾーンに向いている仕事

発達障害の症状は人それぞれです。また人によって好き嫌いもさまざまです。自分が得意で、なおかつ好きな分野を根気よく探していきましょう。

■視覚面が優れている人

映像関係、デザイナー、建築デザイナー、漫画家、アニメーター、画家、イラストレーター。

■強いこだわりと過集中がある人

発達障害のこの特性は、ときにすごい力を発揮することは第3章で紹介しました。しかし何をやらせても突出してしまうような天才は稀なので、自分の「好きだ、得意だ」を探していきましょう。

研究職、翻訳者、ジャーナリスト、プロデューサー、弁護士、公認会計士、薬剤師、コピーライターなどのうち「好きだ、得意だ」というものに注目してみましょう。

教師も向いていますが、小学校は複数の分野を掛け持ちすることを求められるので、中高、大学の専門職、あるいは予備校、塾などで得意なジャンルだけを教える道を選ぶのが賢明です。

■機械やモノに興味を覚える人

自動車の整備工、電気技師、ロボット工学など工学系の技師、検査技師、薬剤師など技術系の専門職。あるいは好きならば囲碁・将棋の棋士なども向いているでしょう。

できれば避けたい仕事

逆に、発達障害の人は避けたほうが無難な職業もあります。挙げてみましょう。

■人との交渉や対人関係が重要な仕事

営業職……新奇追及型のなかには、自分のアイデアを提案するのが好きな人もいますから、一概に向いていないとは言えませんが。

接客業……「空気を読めない」タイプの人は特に避けましょう。

■時間の観念が重要な仕事

バス、鉄道などの交通関係、運輸関係、旅行会社など。

■同時に複数のタスクを行う作業

調理師などの飲食関係、テレビ、新聞、出版などのマスコミ関係など。

■突然の事態に対し、臨機応変な速攻処理を求められる仕事

マスコミ関係、警察関係、顧客窓口、救急関係など。

一人でできる仕事がいいけれど……

「相手の空気が読めない（発達障害）」、あるいは「空気を読みすぎて苦しくなる（HSP）」の人たちには、できるだけ一人で仕事ができる職につくことを勧めています。

たとえば、音楽です。作詞・作曲家、演奏家、歌手にしても、個性的であろうが変わり者であろうが、良い曲が作れたり、美しい声で歌えれば全然問題はありません。

画家や漫画家、作家、デザイナーなども個の才能さえあれば、基本的に一人でできる仕事と言っていいでしょう。

しかし、世の中はそのような人ばかりではありませんし、上手な絵を描く人が多くなるほど、より上手でなくては認められない。ということは、発達障害とかＨＳＰで特殊な才能を持っていても、それが群を抜いていなくては、世間に受け入れられないのです。

残念ながら、そのような稀な才能を持っている人は多くはいません。そのために、ある程度の才能があっても他の人の能力を借りたり、コラボしたりという中で生きていかざるをえないということです。

私もご多分に漏れず、そのような能力不足に悩んできました。とても変わり者ではあったのですが、携わってきた医学の分野で抜群の才能は持っていなかったのです。

そうでなくても医学の研究者というのは、独力でできることは限られているので人間関係は重要なのですが、私の場合、人間関係は良好とは言えず、人から誹《そし》られたり、人が心のなかに感じている私への非難を、実際に耳にしたように感じたこともありました

（相手の心を読みすぎるので、そう言っているように聞こえてしまう人がＨＳＰの中には多いと思います）。

医者はクライアントやその家族、看護師たちとの連携がより大切になり、薬剤師も患者さんへの対応が必要になっています。独立して店舗を開く場合には、交渉力、客対応、顧客の希望に耳を傾ける能力などが必要になってきます。

「同じような状況が一生続く」のは、健常者でも難しくなっているのが現代社会です。そこで、他人の能力との組み合わせ、協力で才能を発揮させるということになると、どうしたら変わり者が周囲の人に受け入れられるようになるかということを考えざるをえません。この問題に、私も本当に悩んできました。

「人間関係は苦手」を克服する方法

昨今では、どんな分野でもコミュニケーション能力は重要なものとして、求められています。ＨＳＰに多くみられるように、個性的で周囲との協調性がないと言われている人たちも、苦手な人間関係を克服することはできないでしょうか。

私の場合、それを克服するために最初に知ったのは禅の力です。話は飛びますが、幕末の剣豪にして書でも有名な山岡鉄舟は、明治天皇の侍従を務め、天皇の行幸には常について行って警護したのです。

鉄舟はものすごい変わり者で、剣に夢中になり、金銭には頓着しなかったようです。いつもボロを着ていたので、「下駄はびっこで着物はぼろで心錦の山岡鉄舟」と言われたほどです。

幕末の混乱の中、鉄舟は自身の義弟で徳川慶喜の守護をしていた高橋泥舟の勧めで慶喜に会います。慶喜が天皇に恭順の意を示すのを見て、なんとか官軍と和平を結び、江戸城の無血開城をしたいと思っていました。

そのために、当時駿府（静岡）にいた西郷隆盛と直談判をしようとしました。その許可をもらうために、当時は幕府側の軍事総裁であった勝海舟に会ったのですが、勝はその時の鉄舟を「噂に聞くよりも、もっと変な男だと思った」と言っています。

それはともかく、鉄舟の弟子に小倉鉄樹という人がいます。画家の小倉遊亀さんのご主人です。彼の書いたものによると、鉄舟が道場に出てくるとみなものすごく元気になってしまった。また客が来ると夜の2時、3時まで帰らない。「鉄舟がいると苦も楽もなくなり、非常に気持ちがよくなり、帰るのを忘れてしまうのだ」と書いています。

また、鉄舟に会うと懐にでも飛び込みたくなるような気持ちになった、とも書いています。

私は変わり者であっても、人に元気を与えることができる鉄舟に大変憧れ、何とかそのような雰囲気を持つ人物に自分もなれないかと坐禅に精を出しました。

禅においては、私たちの心はあくまでも清らかで永遠に続くものである。その清らかな心の光を覆い隠すのが煩悩の雲だとします。

天龍寺の開祖の夢窓国師は「苦も晴れて　のちの光と思うなよ　もとより空に　有明の月」と歌っています。有明と「有る」をかけています。雲が晴れて月が出たと思ってはいけない、もともと雲の向こうに月の光はあったのだ、という意味です。

ですから、自分は人とのコミュニケーションが苦手だと思うことは、心に煩悩の雲がかかっている状態と同じです。これを少しでも取り払うのに、坐禅やマインドフルネスは効果があると思います。

一人でもできますし、個性的、変わりものでもできます。信じるか信じないかですが、ぜひ試されたらいかがでしょうか。

増える「グレーゾーン」の人たち

１９４０年代にオーストリアの小児科医、ハンス・アスペルガーが自閉症について発表した当時、今で言う発達障害は「改善の余地のない絶望的な状態」と考えられていました。

その一方で、アスペルガーはどこかに優れた面、補償的な面があるのではないかとも考えていました。「きわめて独特な思考や経験は、いつか素晴らしい業績につながるかもしれない」と希望的な予想もしていました。

彼のそんな「予想、予言」は確かに的を射たもので、発達障害の研究が進むにつれて、アインシュタインやベートーベンなど、天才の多くは発達障害であったことが次々とわかってきました。

現代社会では「頭がいい」とは、「情報処理能力」が高い、そして速いこととされています。東大生や医者、弁護士などにアスペルガーが多いのもその２つの能力に秀でた力を発揮する人が多いからです。

しかし、これからの時代は、この2つの能力だけでは賄いきれない問題が次々と出てくると思います。医師や弁護士といったアスペルガーに向いている職業も、クライアントとの高いコミュニケーション能力がないとサバイバルできないと言われるようになりました。

また、アニメや映像関係など人気の仕事には、高い視覚能力や色彩感覚、ＩＴ業界には新奇追及気質、音楽関係なら音への敏感性が従来以上に求められています。

つまり、新しい能力が必要な時代が訪れているのですが、それに呼応するかのようにＨＳＰの人が増えているのは不思議です。

またＨＳＰと発達障害の両方の症状を持つ人も増えています。

グレーゾーン（シャドーシンドローム）は、医者が診断する際のチェックリストとは必ずしも一致しない人たちです。障害というほどではない個人的な性格の傾向で、診断名が付かないことで逆にどうすればいいのかと混乱し悩み、その結果うつ病になる人もいます。

グレーゾーンの人は恋愛関係で問題を起こしがちですが、緊張を強いられる分野で成功を収める可能性が高いと言われています。そうした人たちの持つ多動性、形にとらわれない考え方、リスクを厭わないといった、ある意味、非常識な特性が成果に結びつくのです。

「自閉スペクトラム」のスペクトラムとは、「徐々に、だんだんに。少しずつ」という意味です。その症状が曖昧な境界をもちながら連続していることを意味しています。

多くの人は少しずつ曖昧な傾向、クセを持っている。これは当然のことです。

『火星の人類学者』（オリヴァー・サックス著　早川書房）という本のなかで、自閉症スペクトラムの女性動物学者は、自らの傾向を「症状」というより、大きな「才能」ととらえ、「その傾向のある人は、より創造的であり、天才であるとまで言えるだろう。――仮に科学がその遺伝子を取り除いてしまえば、世界は会計士に乗っ取られてしまうだろう」と述べています。

ここで言う「会計士」とは、すべてを金銭、数字に換算してしまう資本主義社会の象徴という意味です。すべてを数字に変えてしまいがちな世の中ですが、その枠にはまらない才能こそが、今どれだけ必要とされているかを予想した言葉とも言えるのではないでしょうか。

第5章まとめ

★HSPや発達障害の傾向がある人は、職業選びが重要。

★自分の「得意・不得意」を把握し、欠点を直すのではなく、長所を伸ばすように心がける。

★HSPはアートの才能に恵まれている場合が多い。

★コミュニケーション力が重視される現代では、「人間関係は苦手」とばかり言っていられない。

★人間関係を少しでもよくしたい人に「坐禅」を勧めたい。

第6章

「生きていくのが苦しい」からの脱出

——HSP・発達障害・うつ・グレーゾーンのためのリラックス法

「苦しい」のサインに敏感に

あなたの周りを見回してみてください。

バランスの取れている人はどのくらいいますか？

頭脳明晰で、落ち着きがあり、何事にも前向き。人の気持ちを理解してくれて、嫌なことは率先してやってくれる。それでいて、身体の不調はなく、毎日元気にやるべきことをやる……。

こんなすごい人はほとんどいませんよね。多くの人が心身の不調に悩み、苦しんでいることと思います。

ＨＳＰや発達障害の人に限りません。グレーゾーンにいる人、発達障害とＨＳＰの両方を兼ねそなえた人、うつ病などの二次障害に苦しんでいる人もいます。

ＨＳＰや発達障害は、子どもの頃からその傾向がありますが、世知辛い世の中にあって、うつ病はある日突然、どんな人にもやってくる可能性があります。

「現代は人格障害の時代」と警告を鳴らす人もいるほどです。

この章では、悩みとストレスを抱えながら生きている人たちのための心理的な対処法、そして予防法を紹介していきます。

疲れたなと感じたとき、パニックに陥りそうになったとき、最近イライラするなと感じるなど、「おかしい」「苦しい」と感じたときに実行してほしいのですが、そのためには、日頃から自分の体調に敏感であることが大切です。朝目覚めたとき、お昼休み、帰宅の途中、家に帰ったとき、そして眠る前に、自分の身体にほんの少しでいいので、注意を払ってみましょう。

心の不調は、必ず身体に伝わります。逆に、身体の不調は心に伝わっていきます。心身どちらもあなたをスムーズに動かすための両輪です。

まずは心身を緩めるリラックス法から始めてみましょう。

「ぼんやり効果」のすごさ

仕事や家事の合間にぼんやりすることをおすすめします。

ＨＳＰや発達障害の人は、頭のなかに次々とやること、やらなければいけないことが浮かんできますから、「ぼんやりしなさい」と言っても難しい人が多いように思います。やることはたくさんある、でも何もしない、ぼんやりする。

これを自らの意志でやるのです。

最近の研究で「ぼんやりすること」にすごい効果があることがわかってきました。「デフォルト・モード・ネットワーク」といって雲や樹木、水などをボーッと見ているだけで、脳のある部分が活発に働く。

脳にいろんな考えや感情が浮かぶ人には優秀なアイデアマンが多いのです。脳がリラックスすると、浮かんでは消えるアイデアの泡みたいなものが輪郭を現し、ある形になってくるのです。

「デフォルト」とは初期設定のこと。情報や感情のがらくたで一杯になった脳は、ぼんやりしている間に必要なものが必要な場所に収められ整理されていく、そんなイメージです。

その効果とは、自分がもともと持っている感情、つまりデフォルトの感情を取り戻す効果。ぼんやりすることで、他人から影響を受けて散らかってしまった自分の心から本来の「自分軸」に戻してくれるというのです。

「人から影響を受けやすい」ＨＳＰやうつ傾向の人は、ぜひ「ぼんやり」してください。

私も最初は少し抵抗がありましたが、「ぼんやりすると気分が楽になる」と言い聞かせ、食後や仕事が一段落したあと、意識的にぼんやりと窓の外の景色を眺めています。

外に出て公園のベンチに座り、ぼんやり雲を眺めたり、樹木の緑を楽しんでいると、ある種の快感を感じるほどになりました。

パニックに襲われたときの対処法

ある人に大声で怒鳴られる、一方的にまくしたてられる、非難される。こうしたことがあると、ＨＳＰや発達障害の人はびっくりしてパニックに陥りがちです。

身近な人には、おだやかな口調で話してもらうよう普段から頼んでおきましょう。

また、怒鳴る人、一方的に相手を責める人もまた「傾向」や「障害」を持っている可能性があります（ジャイアン型・いじめ型）から、「この人も自分と同じアンバランスな人なんだ」と思うことで非難や叱責を客観的に受け止めることができますから、ショックを軽減できるかもしれません。

また、仕事場では一人になれる静かな場所を決めておく（屋上、トイレ、食堂などの隅）といいでしょう。パニックになったりして気持ちを落ち着かせたいとき、そういう場所に逃げ込むことは有効です。場所を変える、環境を変える、空気を変える、を積極的に実践してみてください。

簡単にできるのは、呼吸法です。

コツは、吐く息を長くして、合間に吸います。

人は驚いたときには、呼吸を止めるか息を吸うといいます。息を吸い過ぎると過呼吸で余計に苦しくなります。

驚いたときやパニックに陥ったときには、まず「吐く」を意識してください。赤ん坊も生まれてくるときは息を吐くものです。

息を吐くこと。吸うのは肺に必要なだけの酸素を入れるだけでいいのです。

さらにこれは私の経験上有効だったのは、お経や般若心経などを唱えることです。

お経は呼吸法の一種だという人がいます。長く言葉を発し続けることは、確かに「吐く」をメインにした呼吸法に通じています。特に信心していなくても、試しに唱えてみてください。

信じている宗教があれば、その祈りを唱えてください。

歌を歌う、愛読書を音読するなど声を出すことは、心身にとってとても有益です。

Column

パニックになりそうなときは、お経を唱えることも有効と言いましたが、私がそう感じた経験をちょっと紹介させてください。

亡くなった妻は、最晩年、自宅で寝ていることが多くなりました。

我が家では仏壇が枕元にあり、私はお経を唱えるのを習慣にしていました。開経偈、懺悔文、四弘誓願文、延命十句観音経、般若心経を毎日、朝、昼、晩と唱えていました。

晩年の妻はその横で布団に横たわっていることが多かったのですが、あるとき私は「お経を聞いていて気持ちがよくなったら、私の膝を触ってくれ」と言ったのです。

そうすると、開経偈、懺悔文と進んで般若心経を唱え出してしばらくすると、妻は私の膝を触ったのです。それからは何度も同じことをしてもらったのですが、般若心経以外の経で私の膝を触ったことはありませんでした。

そのうち、般若心経を唱え始めてから、膝を触るまでの時間が次第に短くなり、そのうち般若心経が始まるとすぐに妻は私の膝を触るようになったのです。

私自身は般若心経を唱えていて楽だとか気持ちがよいと思ったことはありませんでした。そのことを妻に言うと、「そのうちにかならず気持ちがよくなりますよ」と言ったのです。

その妻が死んで6年が経ちますが、依然として、私は般若心経を唱えているときに、楽だとか気持ちがいいなどと思えません。しかし、あるとき、ふっと思いました。苦しいことをしているから功徳があるのだ、般若心経を唱えていて、楽だとか気持ちがよいと思えるのはむしろ徳をそこなっていて、将来不幸になるのだと。

私はこの経験から、修行は苦しくなくては意味がないと思うようになりました。すべての修行は苦しいから功徳があるのだと。

仏教学者の秋月龍民氏も悟る前は、坐禅でもなんでも苦しい思いに耐えなくてはならないという思いだった。ところが悟ると、何かの力、仏の力が後押しをしてくれて、すべての修行が、自分がやっているのではない、何かにさせていただいているのだという気持ちになると言っていました。

私はこの境地に憧れました。坐禅なども何かに動かされているようにできて、しかもその間、気持ちが楽になるというのですから。

しかし、今は違います。楽なことは自分の向上には何の役にも立たない、苦しいから徳を積むことができ、自分を向上できるのだ、自分に役立つことはすべて苦しいのだと思っています。

さて、般若心経ですが、仏教をインドから中国に伝えた玄奘三蔵が翻訳したものです。仏教の経典は大般若六百巻とされますが、般若心経はそのエッセンスを述べたものです。つまり仏教の本質が説かれています。

このお経は人の苦しみを除くものとされます。

般若心経にある「度一切苦厄」とは、一切の苦しみを解決する（悟る）ということです。「無有恐怖」は、恐怖心をなくしていただけるということです。「能除一切苦」は一切の苦を除去できるという言葉です。つまり、般若心経を唱えれば、苦しみ悩みも不安もなくなると説かれているのです。

私はこれを信じています。もしこの言葉が嘘ならば、仏教は成り立たないのです。私は般若心経を唱えれば、必ず苦しいこと、恐ろしいことがなくなると思って唱えています。

さらに般若心経の最後には「羯諦羯諦　波羅羯諦、波羅僧羯諦　菩提薩婆訶」とあります。これは真言の呪文で、訳さないことになっています。つまり般若心経は苦を除く呪文なのです。

私はこれを信じ、朝昼晩に般若心経を唱えています。般若心経を唱えている限り、大病もせず、仕事もうまくいき、人間関係もよくなると確信しているのです。皆さんも、興味と時間があれば、般若心経を唱えてみてはいかがでしょうか。

次に写経です。「開経偈」「懺悔文」「四弘誓願文」「延命十句観音経」、そして「般若心経」を毎日書いています。

写経は仏の教えを見ることだと思っています。

書いても別に意味がないだろうと思っている方もおられると思いますが、写経の功徳も計り知れないものがあると私は思っています。

もしあなたが人と違いすぎることで批判されたり、苦しんでいるなら、ぜひ般若心経を唱えたり、書いたりしてみてください。そこに理由などなく、仏の力はかならず苦しみを除いてくれる。

私もやってきましたが、本当に人生が劇的に変化します。このような変化を身をもって実感すると、仏の偉大な力を疑うことはなくなります。

人と異なり、他人から避けられるというのは非常に苦しく、孤独感が伴います。才能があって他人など関係ないと思える人はまだしも、自分の才能に自信のない人は途方にくれ、激しい不安をもちます。誰も助けてくれません。

このようなときにブッダは、「大丈夫。仏はいつも一緒にいる。その声を聴き、姿を見なさい」と言ってくださっているのです。

声を聴くのが読経で、姿を見るのが写経ということです。

その変わった個性ゆえに社会に受け入れられないと苦しんでいる方には、ぜひ仏の慈悲、力にすがっていただきたいと思います。

発達障害かも……と思ったら

　この本は発達障害とは何で、発達障害だと診断されたときにどうしたらいいかを説明するための本ではありません。あくまでも、他人と異なっている個性的な人たちに向け、このように考えたり行動してみたらどうでしょうかと、提案をしている本です。

　しかし、もし、あなたのお子さんが発達障害と言われたり、発達障害かなと疑うような場合にどうすればいいかについて、最後に述べておきたいと思います。

　今では、発達障害と疑われる段階で、その子どもたちの発達具合や特性にあった支援と教育が必要だと言われています。そのために、発達障害を疑う場合には専門の場所に相談するほうがいいでしょう。

　２００４年に「発達障害者支援法」という法律が制定され、行政サービスや支援を受けることができます。こうした福祉サービスには育児相談から専門的な相談、支援まで、さまざまな分野があります。

　専門機関に相談する際に、お子さんの過去から現在まで何が起きたかを説明する必要があります。以下を記録して持参しておきましょう。

① **発達の経過**……たとえば、いつ話し始めたか、どのように話したり、コミュニケーションをとっていたか。

② **小中学、高校の時の様子**

③ **対人関係**……いじめに遭っている（経験がある）。トラブルが多い。

④ **親子関係**……発達障害の子どもには、親にその傾向を持つ人も多いからです。

⑤ **現在の状況**……現在困っていることは何なのかを記録しておく。辛い、困っていることの根底に何があるのかを明確にさせて、その治療法を見つけるためです。

これらの情報があれば、専門家は発達障害のタイプがわかります。発達障害はいろんな症状が混ざっているタイプが多いので、自分の子どもはこのタイプとあらかじめ思い込まないようにしましょう。

では、どこに相談したらよいのでしょうか。

■**市町村の保健センター**……地域保健法という法律によって、市町村に設置されています。高校生や成人に対しての相談も行っています。

■**児童相談所**……児童福祉法に基づき、都道府県、政令指定都市、中核都市に設置されています。

■**子育て支援センター**……育児不安の相談などはここで行われています。

■**発達障害支援センター**……発達障害者支援法に基づく施設で、都道府県、指定都市に設置されています。

では、発達障害の支援にはどのようなものがあるのでしょうか。また薬を使った治療法などもあるのか、というところが気になると思いますが、発達支援は「療育」と呼ばれる支援と薬物療法があります。

療育というのは、お子さんの障害の状態、程度に応じて問題を解決しようと支援することで、将来の社会的自立を目指します。前記の相談先にある支援センターも療育施設の一つです。

では、薬物療法というのはどんなものでしょうか。

発達障害でもＡＤＨＤの場合、薬物療法が使われます。

最も有名なのはメチルフェニデート（商品名：コンサータ）で、多動性、衝動性の行動が見られる人に使われます。

脳内のドーパミンやノルアドレナリンといった神経伝達物質の分泌濃度を上昇させる作用がありますが、覚せい剤と同じ仕組みで脳内で働き、ドーパミンを増やす作用があるので依存性があります。それによりさまざまな事件が起きた過去があり、処方に制限が設けられています。

主な副作用としては、頭痛、吐き気、焦燥感などが挙げられます。

コンサータ以外には抗うつ剤、統合失調症の薬が使われます。

しかし、中枢に作用する薬は副作用も多い上に、効かないことも多いので、特別な場合以外には勧められません。

最近では、自閉症スペクトラムの人に対し、オキシトシンという物質を鼻腔内に投与する研究が盛んに行われています。

オキシトシンは脳内の下垂体から放出され、子宮収縮、乳汁分泌を促進させるホルモンですが、人と触れあう際にこのホルモンが放出され、幸福感をもたらすので、「幸せホルモン」「抱擁ホルモン」などと言われ、マスコミで広く報道されたのです。

「サイエンス」という雑誌に報告された、飼い主が犬に触れることでお互いにオキシトシンが出て、幸せな感じを持つという研究結果によって注目されるようになったオキシトシンですが、そうなると人間関係がうまくいかず、相手との心の触れ合いがないとされる自閉症に使えないかと考えるのが当然です。

浜松医大の山末英典教授を中心に自閉症の患者にオキシトシンを投与し、他人と顔を合わせたときに笑顔になる率が高いかなどを調べられました。現在も研究は進行中ですので、この研究について口をはさむことは控えますが、現在のところ、ある程度の改善はみられても自閉症の症状を決定的に改善したとは言い切れないということのようです。

また、発達障害を疑う場合には、心理検査が勧められています。いろいろな検査法があって検査を実施している機関も数多くありますから、ネットなどで調べてみてください。

私たちは何か問題に直面すると、それが自分にだけ起きていることだと思い込み、途方にくれるということがよくあります。

しかし、実際にはＨＳＰでも発達障害でも、同じ悩みを抱えている人は数多くいます。ですからお互いの悩みを共有し、話し合い、協力しあうということは非常に大切なことです。最近ではネットでアバターを使ってお互いの意見を交換し、助け合うような空間も作られています。

支援センターなどにはこのようなグループの支援をしているところが多くあるので、ぜひ孤立しないように、同じ悩みの人と悩みを打ち明け、解決策を探るという努力をしていただきたいと思います。

おわりに

多くの人が「生きる苦しみ」「生きづらさ」を抱えています。

しかし、その苦しみの症状は一人ひとり違います。

そのため一人ひとりが「自分の苦しみは誰にも理解されない」と感じることで、より強い辛さを感じているのではないでしょうか。

ある人は「障害」と診断をされて悩み、またある人は「診断されない」ことで「ではなぜこんなに辛いんだ」と苛立ちを感じています。

この本は、一つの病名や症状に収まりきらない、だからこそ余計に苦痛を感じるグレーゾーンの人たちの日々を過ごす困難さを思い浮かべながら書きました。

私自身、長年うつ病に悩まれてきましたが、敏感すぎる人たち＝ＨＳＰという概念を知り、ほっとした経験があります。

その安心感はまさに、発想の転換、価値観の広がりでした。

「今自分が被っている苦痛は、自分の性格のせいではない」とわかったからです。

今の社会は、「強さ」や「金銭」に価値を置きすぎています。

「強く」「より多くの金銭を得る人」が「勝ち組」ともてはやされています。

でも、本当に彼らは「もてはやされ」「羨ましがられて」いるのでしょうか。

それは一番人の目に付きやすいネットやテレビなどのメディアの中だけでの、それこそ「架空」のつまらないフィクションなのではないでしょうか。

心ある人は気づき始めています。

そんな生き方が心を壊し、身体を壊すことを。

その証しのように「勝ち組」の人たちが、次々と失墜しています。

最近のニュースは、そんな人たちの話題に溢れています。

彼らを見ていると、あるギリシャ神話を思い出します。

より太陽に近づこうと、高みを目指すイカロスです。ついにはその羽根が太陽の熱で溶けてしまい墜落するイカロスです。

今この本を手に取ってくれたあなたは、そんな兆候に気づいているのではないでしょうか。

一見「羨ましく見える」あの人も、「タフで恐れを知らないように見える」この人も、実は深い苦しみに溺れそうになっているのではないかと。


どんな人も能力の偏りを抱えています。

でもそれを生かして、偏りのなかの優れた部分を生かし創造的な人生を過ごしている人もまた大勢いるのです。

逆に偏りがあるからこそ、創造的な部分が生かされることが往々にしてあるのです。

この本は、「多動」「過集中」「二つのことが同時にできない」「人に振り回されすぎる」あるいは「空気を読めない」と言われる――などなど症状こそさまざまですが、その症状に振り回され、苦しんでいる人々に、解決の糸口を見つけてほしいとの願いが、執筆の動機になりました。

私自身が長年苦しみ抜き、その結果、泥沼から抜け出した方法をできるだけ多く披露したつもりです。

今、あなたが抱える苦しみは「自分が自分であろうとする」ためのプロセスであり、生活の工夫、呼吸法や坐禅、ちょっとしたコツや取り組みで乗り切れると信じてください。その一助になればこれほど嬉しいことはありません。

2020年1月吉日

高田明和

装丁◉原田恵都子（Harada＋Harada）
カバー挿画・マンガ◉福田玲子
本文デザイン・DTP◉桜井勝志
編集協力◉松山久
編集◉飯田健之

ＨＳＰと発達障害
空気が読めない人 空気を読みすぎる人

2020年２月14日 第１版第１刷
2023年10月17日 第１版第５刷

著　者 高田明和
発行者 伊藤岳人
発行所 株式会社 廣済堂出版
〒101-0052 東京都千代田区神田小川町2-3-13 M&Cビル7F
電話 03-6703-0964（編集）
03-6703-0962（販売）
FAX 03-6703-0963（販売）
振替 00180-0-164137
URL https://www.kosaido-pub.co.jp/

印刷所
製本所 株式会社 暁印刷

ISBN 978-4-331-52280-6 C0095
©2020 Akikazu Takada Printed in Japan

定価はカバーに表示してあります。
落丁・乱丁本はお取替えいたします。